建筑师执业实践宝典系列丛书

建筑师事务所所有权转让指南

［美］彼得·皮文　　著
　　　威廉·曼德尔
　　　　黄　慧　译

中国建筑工业出版社

著作权合同登记图字:01-2005-2244号

图书在版编目(CIP)数据

建筑师事务所所有权转让指南/(美)皮文,曼德尔著;黄慧译.—北京:中国建筑工业出版社,2008
(建筑师执业实践宝典系列丛书)
ISBN 978-7-112-10403-1

Ⅰ.建… Ⅱ.①皮…②曼…③黄… Ⅲ.建筑设计—组织机构—所有权—转让—指南 Ⅳ.D913-62

中国版本图书馆 CIP 数据核字(2008)第 152690 号

Architect's Essentials of Ownership Transition/Peter Piven,William Mandel
-Z1/471-43481-7
Copyright © 2002 by Peter Piven
Published by John Wiley & Sons, Inc.
Chinese Translation Copyright © 2009 China Architecture & Building Press
All rights reserved. This translation published under license.
本书经美国 John Wiley & Sons, Inc. 出版公司正式授权翻译、出版

责任编辑:董苏华 张杰 / 责任设计:赵明霞 / 责任校对:李志立 关健

建筑师执业实践宝典系列丛书
建筑师事务所所有权转让指南
[美] 彼得·皮 文 著
　　 威廉·曼德尔
　　　　黄 慧 译

*
中国建筑工业出版社出版、发行(北京西郊百万庄)
各地新华书店、建筑书店经销
北京天成排版公司制版
世界知识印刷厂印刷
*
开本:880×1230 毫米 1/32 印张:4¾ 字数:200 千字
2009 年 5 月第一版　2009 年 5 月第一次印刷
定价:**18.00** 元
ISBN 978-7-112-10403-1
　　　(17327)

版权所有　翻印必究
如有印装质量问题,可寄本社退换
(邮政编码 100037)

本书献给

那些具有创造力并致力于改善建筑环境的设计专家们,他们激励着我们跟他们一起工作。

并且献给

我们的妻子,Caroline Piven 和 Christine Mandel,她们持续的鼓励和支持为我们完成这本书作出了巨大的贡献。

——彼得·皮文(Peter Piven)和比尔·曼德尔(Bill Mandel)

目录

序言	ix
致谢	xiii

第1章 导言 — 1
什么是所有权转让? — 2
所有权转让的必要性 — 2

第2章 所有权转让选择 — 5
内部转让 — 5
引入一个领导人 — 6
合并 — 6
收购 — 7
雇员股票拥有计划（ESOP） — 7
清算 — 9

第3章 决定候选人挑选的标准和传达创始人的期望 — 11
所有人为公司贡献了什么? — 11
候选人选择标准 — 13
向新所有人传达期望 — 21

第4章 公司估价：公司究竟价值几何? — 23
什么是价值? — 23

怎样决定价值？	24
估价的构成	25
估价的目的：估价怎样被用在所有权转让过程中	26
价值决定	29
确定价值的方法	29
可降低估价的情况和例外	47

第 5 章　使购买成为可能：所有权转让机制　　55
税后股票转让	55
税后股票购买加上补偿交换方法	57
递延补偿的方法	58
合伙企业或者有限责任公司所有人转让	61
零基准转让	62

第 6 章　规划所有权转让项目　　65
重要的考虑	65

第 7 章　所有权转让项目开始　　73
集合队伍	73
预备基金	74
设计项目	74
评价候选人	75
建立转让率	76
决定协议条款	78
为项目提供文件	79
下一步	81

第 8 章　为所有权转让项目提供证明　　83
事务备忘录	83
股票购买协议	86
担保本票	87
担保协议	88
股东协议	89
保障协议	95

递延补偿协议 96
　　雇佣协议 96
　　为什么有些项目文件需要配偶同意？ 97
　　除了有限公司以外其他组织的所有权转让文件：
　　　合伙企业和有限责任公司 98

第9章　选择公司的结构 99
　　合伙企业 100
　　普通有限公司 102
　　专业有限公司 104
　　有限责任公司 105

第10章　发展在公司的领导权 107
　　什么是领导人？ 107
　　领导人需要什么样的特征？ 108
　　领导权发展的程序 112
　　领导和管理 114

第11章　为将来的转让作准备 117
　　为什么要为将来的转让作准备？ 117

术语表 123

参考文献 127

英汉词汇对照 129

序言

在专业性劳务公司中，继承人的培养选拔计划作为一个比较新的需要考虑的内容，在 20 世纪的后 25 年才开始成为广泛关注和组织计划的一个必备部分。

在那之前，大多数专业性劳务公司的结构——无论是在建筑、工程、法律或者财会行业——都是这样的典型组织，它们只持续到创始人在任的时期。大多数公司都由 1 个或 2 个有注册资质的专业人士和没有注册资质的学徒作为他们的员工组成，或者雇佣那些非专业的雇员，如果负责人退休了，他们可能无力将公司持续经营下去。所以当负责人该退休的时候，绝大多数公司在那个时期也只能关门大吉。

然而，也有例外。那就是已经具有一定规模和成就的公司团体，这些公司团体在他们的创始人还在任的时候就已经卓有声誉——更重要的是——公司员工中已拥有一些资深的得到注册资质的专家。对于这样的公司，所有权的延续就是一个很合理的目标。如果成功了，这可能意味着公司客户的继续维持，员工长期工作的持续稳定，同时创始人也可以获得适当的资产回报。

说起来容易，实现起来就不是那么简单了。

当历经以前的一代或两代人，较大的建筑公司的员工人数有了巨大的增长后，公司的管理层就有必要去做一个被称为"所有权转让"的计划。确切地讲，这是一个策略，当公司现任负责人退休时,将公司的所有权——并且,最终将会是公司的领导权——移交给一个新的所有人团队。

在商业理论中,这个过程通常只是一个简单的买卖交易。资本就是产品,或者是可以由不同的其他公司的所有人或投资者操作的商务服务。买方只需要投入必要的资金去购买这样的商品或者商务服务,并开始运作。

另一方面,在专业性劳务公司,转让的过程要复杂得多。这里没有专利或者产品用来进行买卖交易。例如,在建筑公司,公司的资本必然是那些拥有注册资质的专家们的才能和技术,他们可以按照自己的意愿进入或者离开公司,并且公司也不能被当作是一种投资而被买来卖去。在建筑公司里,最好的——通常也是惟一的——可能的继承人,是已经作为员工并拥有丰富的专业经验的建筑师们。同时对他们作为公司所有权的继承人还有两个重要的限制:

第一,作为继任所有人,必须不仅要具有专业资格,而且他们一定要有技巧能吸引客户并且将客户带入到工作中来,也能够吸引员工,并且保存优秀的员工去完成任务(并且在适当的时候能使他们成为自己的继承人)。

第二,继承人在公司获得价值的惟一来源就是薪金和公司自身产生收入盈余的能力,这些收入盈余可以用来购买卖方的资产。因此,如果当发生所有权转让时要购买或者出售公司的价值,那么公司必须为转让本身负担经费。

这些考虑因素——关键需要有创业才能的员工领导公司;实际上公司本身的偿还能力也限制了出售的价值——使得所有权的转让,在建筑行业和其他专业性劳务公司,与传统的商务买卖不同。越来越多的专业性公司在努力克服这些问题中成长并成熟,所有权的转让就好像是一个公式一样具有可变性,一个答案总是不能适应所有的情况。

进入这个不断发展的专业性工作的领域,彼得·皮文作为一个专职的建筑师,有丰富的所有权转让经验,他将自己的观点引入到专职建筑师的事业中去,随后,他又作为管理顾问,指导与服务于好几百家其他的公司。

《建筑师事务所所有权转让指南》是关于建筑行业管理文化的一本重要书籍。它阐明了关于继任程序中经常弄错的概念。并且，它随后给出了一个简便的方法，这个方法对每个建筑公司在面对可能发生的转让问题时都会有所帮助。

无论有没有考虑到所有权转让的问题，公司的创始人和继承人都应该读读这本《建筑师事务所所有权转让指南》。

韦尔德·考克斯(Weld Coxe)
于罗得岛州，布洛克艾兰

致谢

我要感谢为这本书作出了重要贡献的人,没有他们的帮助,这本书是不可能完成的。

我要感谢 Margaret Cummins,John Wiley 出版社本系列丛书的编辑,他约我写了这本书,并且保证了这本书的完成和及时出版。

我要感谢威廉·曼德尔(William Mandel),MBV 法律有限责任合营公司的投资领导人、律师,以及他的同事,Laura T. Howard,Carol Brittain,Lauri A. Sanders,他们在整个过程中提供了关于所有权转让的法律方面问题的重要信息,和极有价值的指导与批评。

我要感谢我在 The Coxe Group 的同事,特别是我的搭档 Weld Coxe 和 Hugh Hochberg,在我创作的这几年,他们作为顾问给了我帮助和支持。在复查本书的过程中。对于我需要的观点和看法,他们用知识、经验和智慧,多次给予了我很棒的答案。

第1章 导言

每一个公司都需要，但又常常忽视，需采取一个有效的计划去认可领导阶层，扩展所有权范围，并使公司得到长久的发展。实现这些目标的方法就是被称作*所有权转让*的行动。这本书将帮助你去了解所有权转让的要点：它有哪些要素，怎样为所有权转让项目做计划，还有怎样去发展并实施一个成功的所有权转让项目。通读这本书，你将发现里面的术语和措词，对你来说也许第一次见到，但它们已用在一个新的语言环境中了。文中提到的一些术语，你可以在本书后面的术语表中找到相应的解释。

这本书是为设计专家而写的：建筑师、室内设计师、园林建筑师、绘图设计师、城市规划师、美术设计人员、工程师和其他那些工作在设计行业并以此为目标的设计师们。设计专家在大多方面和其他的人很相似，他们的工作也一样和其他的工作在大多方面相似。然而，在考虑所有权转让问题时，设计专家和他们的行为所具有的某些特征需要引起我们的注意。

一个特征是设计专家提供的是服务，而不是产品。他们所提供的服务——建筑设计、室内设计、园林设计、计划、工程、绘图设计——都是他们的天分加上知识教育和实践经验的成果。对于这些设计专家，他们从事"学术式的职业"——特别是建筑师和工程师——达到规定的教育水平和实践经验，对于确保国家认可的注册证书的含金量非常必要，这需要去练习实践。

除了提供一个专业的服务所必要的教育、经验和证书，在提供服务和提供产品之间最重要的不同是，它们的运作中所涉及的资金需求不同。一般来讲，以产品为基础的商务需要大量的固定资金，或者硬件设施，去生产提供给市场的产品：资产、设备、储备等等。而专业性劳务公司需要的则是人员。在专业性劳务公司，每天都有大量的所谓实际资产（生产价值的资产）流出，把这些资金尽快赚回来是非常重要的。公司要求员工不断地努力，以确保在现在或者将来公司都能成功地赚到钱，对他们而言，人才是尤其重要的。一个成功的所有权转让计划，可以吸引并留住公司所需要的人才。现在就成功地实践吧，并在将来使所有权转让成为可能。

什么是所有权转让？

由现任所有人制定的，或者开始让另外一个所有人团队上任的过程称作"所有权转让"。所有人为他们的公司提供资金、市场、管理、质量和领导。如果现任所有人希望他们的公司继续生存并蓬勃发展，那么他们要确保要在将来为公司提供这些元素，这是非常重要的。所有权转让可以在没有计划的情况下，突然地发生，例如当一个单身的所有人突然死亡时。当做好转让计划，并且在随后认真地执行时，现任所有人的多个目标最有可能都实现。我会在下面分段描述其中的一些目标。

所有权转让的必要性

成长

当公司成长时，多数公司会发现不能只是单纯增加基层员工人数，同时也需要在高层增加领导人，去稳固并管理客户关系，并提供必要的项目管理、专业技能和内部的领导。可以去雇佣对此有兴趣的专业人士，给予报酬，让他们具有领导层的职责，但没有资产的所有权。然而，因为最高领导层的职责通常是和所有权相关联的，我们将在这个问题的讨论中择情使用"领导人"和"所有人"这两个术语。公司的成长刺激了对扩大所有权的需求。一般通过以下三个方法扩大所有权：（1）通过提升那些有资格成为领导层候选人的现任员工,并向他们转让所有权;(2)通过从公司外部招募个人成为公司所有人;(3)通过合并或者收购另一个已没有合适的所有权继承人的公司。

扩大

公司希望扩张经营的地理范围,或者希望在他们有影响的地理范围内进入市场,只有通过那些具有领导能力的创业型专家去贯彻扩张政策,才会有效。

退休

当领导人开始考虑他自己的退休问题时,或者,同样重要的是,他考虑怎样才能让他投入在这个公司的资金实现它的价值时(通常是增加的),所有权转让开始成为一件重要的事情了。在这些关键的时刻,一些事情开始变得清晰。如果领导们没有对他们的公司进行清算,常常会遭到经济处罚,所以需要退休的领导为他们成功地延续公司做准备。如果没有其他有能力的领导人去带领并管理公司,这个公司必将得不到成功的延续。没有新一届合适的领导人,退休的领导人将找不到一个可以让他们转让(也就是卖掉)所有权的人。

新技能

想发展新技能,或者想进入新市场的公司,还有那些没有潜力员工的公司,常常通过引进新的领导层候选人,从而获得必要的技术。作为加入公司的条件,这些候选人将希望得到领导地位,并且他们需要确保这个地位在商业活动中和在公司里都是有效的。所有权转让的程序使所有权转让给候选人的过程变得简单,同时也给公司的所有人们充足时间去评价新人。

持续性

所有权转让促进了公司的持续性发展。有些设计专家在他们事业的发展过程中奋发图强,并且希望即使过了他们的任职时期,公司也仍然有生意可做。将所有权转让给下一届,确保了能

> **关键点**
> 所有权转让的必要性
> 1. 成长
> 2. 扩大
> 3. 退休
> 4. 新技能
> 5. 连续性
> 6. 和市场保持联系

够继续服务于那些有价值的客户，为有价值的员工提供了一个固定的工作场所，并且使公司继续迈向未来。

和市场保持联系

市场在设计专家所能够完成的工作中非常重要。如果没有购买者让我们提供专业服务，我们也就没有可提供服务的人了。设计专家必须和市场保持联系——即和他们提供服务的购买者联系起来。他们必须和他们的客户建立并保持联系，以便他们的公司能有提供服务的机会。这样的服务很可能会获得成功的客户关系，成功的项目，还有经济上的回报。

有时候，当他们老了，设计专家推迟考虑任何特殊方式的退休问题，或者自觉地选择不退休。他们的客户一般到了退休年龄就退休了，通常是65到70岁之间，他们客户的继承人经常选择雇佣同龄人和他们一起工作，而不是他们的前任上司。有一些例外情况值得注意，特别是在那些设计行业的"权威"人士中，这样的状况通常会导致设计专家在他接近正常退休年龄时和市场失去联系。一个公司一旦失去了和市场的联系，就失去了它*存在的理由*，最后自身将无法维持下去。随着销售的可见性和职责的不断增加，所有权转让将允许公司的专业人士担任下一届领导人，将新成员带入所有权的圈子里，这样会有助于保持他们对市场的理解和联系。

所有权转让选择

第 2 章

所有权从现任所有人手中转让给新所有人,可以通过几种不同的处理方式来完成。这一章所描述的选择,对于公司的创始人来说会有非常不同的结果。那些现在受雇于公司的人,也可能在将来成为公司的所有人。

内部转让

对于一个所有人,要确保他的公司能够延续,重新获得他在公司的投资,并且最后退休,最有效的方法就是执行这样一个计划,即将所有权从所有人手中转让给现任的员工,这个员工有能力将公司成功地经营下去。

内部转让的优点包括:(a)给公司一个继续经营下去的机会;(b)接近那些已经开始适应公司工作方式的客户群体;(c)保证所有人有一个合理的资金回报,通常是权责发生制资本净值的 1.00 到 1.50 倍之间;(d)继续控制公司直到出售所有权的所有人所拥有的所有权比例降低到 50%以下;(e)按照包括对新所有人的补偿和利益安排机制,保证出售所有权的所有人的个人补偿和补贴,并且新所有人要接受这个制度。

内部转让的缺点包括:(a)有可能缺少可用的并且合适的内部候选人;(b)需要开始分享公司的信息和对公司的控制权;(c)需要潜心于促进公司的成功,最后依赖其他人为公司的成功做出的贡献,特别是关于保护新任务的能力。

引入一个领导人

提示
从公司外部引入领导人通常是不会成功的,这是因为公司文化的不相容性。因此,很少会采用这种方法。

公司未来能否成功,现任所有人能否顺利地退休,取决于有没有这样一个合适的人——领导人——去成功地运营公司。当公司没有这样有潜力的合适的领导人,或者现任所有人没有发现公司里有这样的人,一个选择就是从公司外部寻找。

从公司外部吸纳领导人的优点是:(a)如果转让成功,公司就有继续发展的机会;(b)可能会改变公司经营的方向,让公司重新恢复活力。缺点包括:(a)关于引入的人未知其人格个性的风险;(b)几乎是马上就要和新人分享公司的信息和控制权;(c)可能需要用优厚的补贴待遇来吸引这样的人才;(d)可能需要改变公司市场推广的方向,项目执行时要考虑新领导人的利益。

公司将有可能需要以市场价的水平提供补偿和好处去吸引并留住新的领导人。然而,随着新领导的成功上任,现任所有人可以因为他在公司的利益适当地期望接受至少是权责发生制资产净值 100% 的账面价值。

合并

如果不能从内部提升,也不能从外部吸纳合格的候选人来转让所有权,或者如果周围的情况使这样的转让有很大的风险,所有人可以考虑和其他的公司合并。在一个利益合并中,合并的时候没有现金转手,但是转让所有人将创造机遇,使他们的经济利益不久以后在合并后的公司中得以回报,数量额可能是权责发生制账面价值的 100%。

合并的优点有:(a)虽然是在一个新的结构中,但能使公司得到延续;(b)允许所有人能完全退休并且将资金返还;(c)可以保持所有人对自己工作的控制。然而,合并需要所有人去:(a)开始和新的搭档在一个未知并且未经考验的关系中一起工作;(b)开始和新搭档一起共享信息,一起管理并控制公司;(c)许多问题都要折中处理,特别是涉及金融和市场问题时。

收购

当大量资金的返还变得极为重要时,其他的选择也许会导致失败的结果,而被认为不合适或者不太可能,或者和所有权不相关的其他的战略问题开始变得重要起来的时候(例如市场扩张问题),所有人通常会考虑将自己的公司出售给其他公司的可能性。将公司出售给其他公司的优点是:(a)虽然是一个不同的形式,但公司的延续有了保证;(b)可能会有更高的个人资产净值返还,可能是权责发生制账面价值的 1.5 到 3.0 倍的范围内。其缺点也很明显,它们包括:(a)立刻放弃了对公司的控制权并让给了收购方公司;(b)一经雇佣,就要在收购方的金融和文化结构中生存。但在其他的方面,机会还是存在的。如果在公司内部并不存在合格的候选人,公司的现任所有人可以在他们觉得相和谐的另外一家公司里寻找可能的继承人。通过收购这样一个公司,他们不仅可以更好地确保了他们的继承人(这样他们就可以真的退休了),而且还可以得到其他的好处,例如更宽广更深入的市场共享,员工的数量或素质的提高,硬件设施的加强,应收款的增加等等。

在公司的出售事宜中,打算在近期(例如三或五年)退休的现任所有人,在外部出售时,将可能会得到高于他的所有权利益的价值。然而,如果所有人个人希望继续工作更长的时间,他的薪水和利润的分配可能也要过较长的一段时间,甚至越低的解除补偿,会产生越高的总补偿。

> **提示**
> 收购不成功的最主要原因是收购公司和被收购公司之间缺少文化的兼容性。

反面案例

在西南部一家设计公司的三个所有人,年龄分别是 65 岁、67 岁和 70 岁,是这家公司的仅有的所有人。尽管有曾经三届可能的所有人来过公司,但是由于没有考虑过其中任何一个作为所有权继承人,他们因此离开公司而从事其他的职业发展道路。由于没有预期的可以考虑成为所有权继承人的候选人留下,公司现任所有人决定寻找一个感兴趣的外部买方。但是一个都没有找到。

雇员股票拥有计划(ESOP)

ESOP 是联邦立法制定的鼓励职工所有权的法人实体。国会用这种方式鼓励公司将所有权提供给员工。它通过立法给予信用机构一个税收鼓励，允许他们以合适的利率借钱给 ESOP。公司所有人希望利用这个机会创建一个职工入股信托基金（ESOT）——法人实体及描述信托运作方式的雇员股票拥有的计划。公司雇员按照他们补偿的比例成为公司所有人之一。典型的例子就是，一个股东按照第三方制定的求值程序，以公平价值卖掉了他的一部分股份给信托公司。如果出售最少不得低于 30% 的公司股份，卖方就可以享受免税待遇，这个最小的销售份额已经成为公认的惯例。ESOT 从一个贷方借款去支付给出售股份的股东；公司支付一定比例的公司利润给 ESOT；ESOT 则用那些分配给他们的利润首先偿还贷款，然后创造价值。

所有权转让选择

	清算	内部转让	引入一个领导人	资产合并	被收购
价值	75%~90%应计制账面价值	100%~150%应计制账面价值	最终转让@100%应计制账面价值	收回@100%应计制账面价值	150%~300%应计制账面价值
管理/控制	一直保留到结束	保留控制权直到出售低于51%的股份	共享控制权	共享控制权	放弃控制权
设计	保留控制直到结束	可能按照所希望的保留	如果是一个设计师的话，共享	可能保留对自己工作的控制	可能商讨设计的保持力
财政含义	保持薪水和补贴	需要去满足购买者	需要以市场价格进行补偿	需要和合伙人达成妥协	遵守收购方的财政结构
销售	不变	需要致力于并且培养成功的合伙人	间接地支持新的领导者	要改革以满足联合的需要	收购方的决策
对雇员的影响	员工可能在感觉公司结束的时候离开	积极的影响，特别是如果选择了正确的人	可能会士气受挫	可能会产生积极的影响，这取决于合伙人	积极或者消极，这依赖于收购方的公司文化
期限	持续下去	3~6个月完成	3~6个月确定并完成	3~6个月确定并完成	6~9个月确定并完成
风险	很少几乎没有	很小的财政风险	取决于个人	适中，如果选择正确的合伙人	没有财政风险

尽管国会的目的是通过雇员股票拥有计划去鼓励扩展所有权，实际上，这些计划最初被完全或部分地当作是个人偿还贷款的财政工具，作为所有人的主要股东，对他们全部或者部分的股份进行估价，并兑换成现金或者限定重置资产，这些资产只要不被出售就不用交税。限定重置资产是一种财政工具，例如股票、债券、票据和其他债务证明，包括由美国公司，以及保险公司和金融机构发行的，用来有效处理贸易买卖的银行存款单。

建立 ESOP 的主要优点是提供现金（或者限定重置资产）给销售所有人，同时允许他们保留对公司的主要控制权，不管是通过只出售少数股份，还是出售无表决权的股票（这种股票可能需要调整公司的资本），或者成为雇员股票拥有计划的托管人。ESOP 还可以以一种雇主出资退休的形式，服务于所有的职员，并且可以和其他的所有权转让项目联合起来一起使用。

建立 ESOP 的缺点包括：（a）创造了一个对公司而言合理的，并且是法律允许的退休机制和相应的年薪支付机制；（b）要维持每天的现金流量，需要支付负责人的薪水和贷款的利息，还要以公司现值评估的价值买回退休的 ESOP 参与者的股份；（c）可能会有不满员工的投诉；（d）达不到转让领导权的目标；（e）给那些有领导能力并渴望所有权的个人很少的实际能用的权利。

清算

如果没有其他合适的方法使公司继续生存下去，所有人别无选择，只有实行清算。在极端的情况下，清算象征着没有人从现任所有人那里接手公司的业务，因为公司不复存在了。另外，一个正在运营的公司消失后，紧接着就是要为保险责任范围做准备，这需要去支付一个"随后而来的"职业责任保险，如果没有，假想一下没有保险并且无理要求赔偿而可能产生的风险吧！

清算通常意味着公司所有人继续工作直到他们决定退休，他们要做的是逐渐地停止去寻找和接受新的委托，做完正在进行的项目，裁员，收回应收款，然后关闭公司，退休。实际上，他们逐渐减少并停止这些工作，正式有效地清算公司。

清算的过程包括将公司的资产转换成现金，并且偿还债务，

关键点
转让选择
1. 内部转让
2. 引入一个领导人
3. 合并
4. 收购
5. 雇员拥有股票计划
6. 清算

争取实现正盈余。理论上,公司应该能够很容易地清算出100％的权责发生制账面价值。不幸的是,实际上在清算时不可能没有罚款。想要在收入降低的时候逐渐减少开支是很困难的,特别是涉及到直接或间接的人工成本时。付清厂房和设备的租赁费用并不代表清算就此结束。公司一旦不再提供服务,应收款项可能非常难收回。家具和设备也不能卖出合适的价格。这种情况下,通常的做法是进行"火灾受损式物品拍卖"。

清算的优点包括:(a)当公司达到要清算的程度时保留控制权;(b)只要公司还具有支付能力仍可以保留补偿和补贴。清算的缺点包括:(a)职员有借机背叛的可能;(b)对公司价值有很大的负面影响。进行清算的所有人一般只能重得公司一小部分权责发生制账面价值,有时候少到只有50％。

决定候选人挑选的标准和传达创始人的期望

第3章

所有人为公司贡献了什么？

公司需要从公司所有人那里得到，也只有公司所有人能够提供的特殊的，非常重要的贡献。这些贡献，在下面会详细说明，可以认为是公司所有人的职责。

资本

公司所有人有责任提供必要的资金开始运作公司。启动资金用于公司开始的组建开支（租赁物改良，家具，固定设备和器材，文具，销售原料）和产生的最初的运作费用，还有为所接受的服务必须马上要支付的还没有兑现的现金收据。对于越来越先进的高新技术的需求而言，资金是关键。

一旦公司成立并且开始运营，就需要额外的资金为公司的高速发展做投资——对公司的发展的投资不能无利可图，并且当所筹集的资金满足不了当前需求时，要优先用在基本的运营上。所有人承担了公司运营的职责和风险，通常通过银行贷款，以最高限额的信用贷款去满足这些额外的资金需求。当公司形成之时，或形成之后需要资金，公司所有人被认为是唯一一个可以提供资金的人。他们就是公司的资金保管者。尽管公司的其他人也明显地对公司进行了投资并享受着公司福利，但基本上都是所有人为公司提供资金。如果所有人操作公司非常成功，他有权去获得所有权的报酬，包括对他所做投资的回报。

行销

专业设计公司的存在就是为了给客户在项目上提供专业的服务。确保得到这些客户和项目——就是说，进入市场并销售是所有人的职责。尽管非所有人通常会做销售支持这样的工作，但是使公司生存并成长就是所有人的职责。通常情况下，客户从公司的代表那里购买服务，他们觉得可以把手上公司的项目资源托付给这个代表。这些代表就是所有人（或者是所有人指定的已授权的重要的职员）。

销售的能力可以是个人的个性特征或者是一种学习能力。在有些公司里，这是对所有权唯一最重要的评判标准。因为公司唯一能做的，并且能从中产生收入的，就是销售这项工作，销售是公司生存的血液。这些有能力去获得客户和项目的人——呼风唤雨者——被合理地认为为公司的福利作出巨大贡献，可能是最重要的贡献。一个重要的结果是那些有能力进入市场并销售的人将会是所有人。如果他们愿意的话，即使不是在他们现在所在的公司，那也是在别的公司成为所有人。

管理

所有人一定要保证成功地管理公司。他们必须保持公司的生存能力，这样才能履行客户对他们项目的要求。所有人必须管理公司，使公司能够产生足够的利益保持公司在市场的竞争力，并保证它的银行可贴现性和可持续性。他们必须管理公司，这样公司才能在一个他们认为是与他们的投资和所承受的风险相对应的程度提供资金回报。在销售中，所有人可以在公司的不同阶层寻找助手。但是确保成功地管理公司是所有人的职责。他们在工作的每一个方面都要作出关键的管理决策：财政、运营、人力资源和销售。

质量

所有人必须建立质量等级，确保他们的质量能够达到客户的

提示

了解其他人的个人风格使我们能够提高影响他们的能力。

要求，并且与他们自己的专业品质保持一致。对公司服务满意的客户将在未来为公司创造收入，比如接受公司的长期服务，或在行业之间对公司进行推荐。同样重要的是，公司所派代表完成的项目证明了公司在行业中的名誉，它可以作为公司未来的生产能力的参考。尽管执行、复查和质量控制可以委托给别人来做，但是对确定完成任务的质量等级这样基本的决定不能留给所有人之外的人去做。公司服务的名誉是同等重要的。因为公司的项目就是靠服务于客户来完成的，所有人必须时刻注意公司的服务质量。所有人有权利和职责——在设计质量、技术质量和服务质量上，制定一个必须达到的质量等级。

领导权

所有人必须提供必要的领导权，以能够推动公司向实现他们目标的方向发展。所有人带领着公司和公司的员工、客户及社团一起去创造和分享他们为公司设定的目标。所有人通过树立榜样，履行职责，激发、鼓励、指导并奖励员工，来证明他的领导能力，以便能让他们帮助公司朝预期的方向发展。所有人为公司提供灵感、方向和动力。表现出同样特征和能力的职员将很可能成为未来继承所有权的候选人。

候选人选择标准

所有人想要将公司所有权转让给其他的人必须确保继承人能使公司成功地发展。所有最终的所有权转让目标都是按这个标准进行的。我们已经列举了所有人提供给公司的几个要素：资金、市场、管理、质量标准和领导。但是这些是对所有权的要求，而不是选择标准。与选择标准相关的是现任所有人在合适的继承人身上寻找的个人的和专业的素质，这些素质也都是所有人提供给公司的。选择标准是"为什么"某个人要被选为所有权继承人。所有人的职责在于选择后他们要"做什么"。它们是互相联系的。所有人必须认为满足"为什么"——这是选择标准——的候选人将成为成功的所有人，执行"做什么"——这是职责。以下是通常在评估可能的新所有人（即候选人）时候考虑的合理的

> **关键点**
> 所有权的职责
> 1. 提供资金
> 2. 市场和销售
> 3. 成功管理
> 4. 指定质量指标
> 5. 实践领导权

选择标准。

职业成熟

候选人表现出高专业标准并且积极地工作,去帮助其他人养成同样的工作态度,其结果则是能够适当地处理整个公司的事务。职业成熟是指态度、习惯和表现出只有成熟的专业智慧才能有的言行,而不是指特殊的专业或技术技巧,在下面我们将继续讨论这方面的问题。当评价职业成熟时,所有人应该自问:"候选人是不是能直接并且专业地陈述问题?候选人的表现是不是自信和肯定?他有没有将信息和观点传达清楚?他的行为和习惯是不是可以很好地反映公司的形象?"

专业/技术才能

提示
确保新挑选的所有权候选人要和现任所有人有共同的基本的价值观,否则,新的所有权团队的成员将在相关的组织、领导、抉择决定,特别是财政回报上有不同的个人目标。相反的观点可能引起将来的冲突。

候选人不断地展现出高技术水平(在一个或几个专业或技术领域),通过行动、引导和建立执行标准并且激发其他人去达到这个标准。候选人应该遵守基本专业、技术、贸易和公司实行的其他的原则标准。寻求卓越的设计、技术或者管理的候选人必须制定出这个标准,在合适的位置安排适当的技术人员,并带领他们保证执行所制定的标准。

价值观的一致性

候选人和那些公司的现任领导人一样,支配公司,起模范带头作用,完善专业技术并巩固商务价值。公司的领导人和候选人要有一致的价值观,这一点是最基本的。如果现任领导人是以实践为中心,他们很可能以一种生活的态度从事于他们的工作,并且看重质量上的成功,他们会问"我们有没有达到我们所要求的质量等级?"另一方面,如果领导人是以商务为中心,他们很可能对他们的工作很少采取一种生活方式的表现,而看重的是一种谋生的态度;他们很可能看重数量上的成功,他们会问"我们有没有达到我们的财政目标?"概略地讲,有强烈的以实践为中心的价值观的设计专家,更有可能做一些关键的决策,特别是项目决策,达到质量标准(他们所定义的)是他们首要的目标。有强烈的以商务为中心的价值观的设计专家，很可能以达到财政目标作为他们的首要目标。那些与所有权团队的价值观不一致的候选人，很可能对领导人的重要决策总是觉得不舒服，而且如果他坚持个人的观点的话，晋升到领导层可能也会让他的搭档不舒服。

商业理解

候选人明白一个合理的商业基础和商业实践的重要性，为了达到专业技术和商业目标的适当平衡而做出决策，也因此带领其他人向这个平衡的目标努力。如果不顾领导人所制定的支配公司的价值观，公司将既是一个实践型的公司，也会是一个商业型的公司。领导人做的决策和完全由其他人做的决策将反映价值观的两个方面。在每一个项目中，领导人不仅要有专业技术目标，比如达到设计质量，他们还要有商业目标，比如跟紧时间进度表和抓紧预算。在行使他们的日常商务责任时，所有权的候选人必须证明他不仅明白公司需要这种平衡，而且他们还理解并赞同现任领导所渴望的那种平衡状态。

对风险的理解和态度

候选人要理解风险的概念和风险在推动公司发展中的作用。他能够平衡短期和长期的优先地位。候选人必须承认，公司探求新机会的需要可能会给公司（还有候选人本人）带来风险，这些风险令人不安；在承认这种风险的基础上，候选人一定要负责为公司的全面利益做出最佳决策。公司将不断地得到许多机会。对这些机遇所要投入的资金将有各种类型的选择，而且这些选择也将存在风险。

风险分析常用于对非请求型提案（甚至是请求型提案）所存在的营销机会的分析中，许多人认为提案的实现很可能是开创工作新局面的机会，但是很少人能看到实现过程中所蕴含的风险。大多数人都了解那些容易确定的短期投资成本是多少；很少人能去估定把公司的资源从那些可能在长期更具有生产能力的项目中转移出来所带来的风险。每一项公司决策都存在选择，每一个选择都存在风险,一些很小,一些很大。候选人必须理解这些概念而且当分析那些选择时要一直以公司的利益为行动目标。

市场和销售技巧

一位领导人对公司最重要的贡献可能就是获得客户并满足客户的需求。特别是在只有几个领导人的很小的公司中,这就是事实。要"获得"客户就一定要进行市场销售。候选人必须提高市场技能并且使个人的风格文雅高尚,以便能够激发自信并成功地运用到工作中——通过发展和预期客户之间的关系,维持并培养和现有客户之间的感情,并且在买卖和销售过程中适当地展现公司形象。在最后的分析中,领导人必须是一个"可亲近的人"。设计专业公司所服务的预期客户,希望从可以将公司资源交付给他的专业人员——所有人——那里购买服务。领导人必须是一个"可亲近的人"——去让预期客户有效的承诺"我希望你(和你的公司)做我的建筑师,室内设计师,或者工程师。"在大公司里,领导人必须鼓励下属去带头维持现有客户和以前客户的关系,而且必须确保和他们之间的买卖交易始终受到必要的关注。毕竟,新的项目是公司生存的血液。

提示
因为新的项目是公司生存的血液,现任所有人必须确信部分或者全部的新所有人能够进行销售。

客户和项目的管理技能

在销售工作之后,领导人必须能够带领项目团队去完成客户和公司的目标。如果公司想要发展,领导人一定不能过度地保护他在客户关系中所占的分量,而是必须帮助其他人去提高管理客户和项目的技能,包括销售、谈判和计划技能。比如说,销售项目的领导人就是那个项目的主要负责人(PIC)。特别是在小型到中型公司中,而且通常在大公司中也一样。一般情况下,PIC销售项目,谈判服务合同,组成项目团队,并且制定项目目标。通常,PIC将为项目建立初步的概念并且在项目结束之前负责与客户进行接触和沟通。他起着一个领导的作用,保证完成客户和公司的目标。使客户满意能够提高公司的信誉并且带来反复的长期项目并受到客户间的推荐。此外,成功的项目积累了个人和集体的知识、经验和对公司的信心,并且可以提供必要的资金去奖励为公司做出贡献的人，也能提供足够的资金完善公司。

领导技巧

候选人必须是一个领导人。在有较大所有权团队的大公司里，不可能让所有的候选人成为领导，但是有一些候选人肯定必须成为领导人。一个特别适合于建筑业、室内装饰业，和工程公司的非常有用的关于领导权的定义就是，他是为公司所希望的未来构想目标的领导人，他将这个目标传达给其他人，而且鼓动他们去协力达到这个目标。候选人必须证明他们具有领导才能并且像一个领导人一样贯彻执行。他们对公司的领导能力应该表现给员工、客户、同行，还有整个行业。

战略思考

通常，专业人员、技术人员和行政管理人员集中精力，努力完成公司指派的短期（战术的）目标，特别是涉及项目的。然而，领导们也必须同时关注公司的长期（战略的）和短期的（战术的）目标。这个双重焦点对公司的利益至关重要。如果领导人不做战略思考，这些目标将不能完成。所有权的候选人必须保证领导人的一部分时间必须用在战略问题的战略计划上——决定公司将要朝哪个方向发展，并且怎样去达到这个目标。

战略计划可以被理解为由两个关键因素组成：对将来的目标的坚持和去实现这一目标的行动计划。因为领导人必须决定公司的进程，他们必须能够进行战略性的思考。一个候选人的战略思考技巧不一定要全部用在进行前期所有权选举，每一个候选人必须要有提高战略计划技巧的能力，还要有参与战略性计划的意愿。

提示
有望成为所有人的人必须有战略思考的能力。

管理和关系技巧

公司由它的所有人管理。所有权的候选人必须了解、支持这点，并且心甘情愿地担当在公司管理中的角色。这意味着要理解公司管理的本质——谁，什么，什么时候，在哪里和怎样做：谁将参与管理事务？这个领域将遇到什么问题和麻烦？什么时候和怎样讨论这些问题？管理讨论的动力将是什么？将怎样做决策？

因为管理更像是业主们的团队合作，候选人必须愿意去改进团队合作的技巧以便于他能有效地实行他的管理职责。通过拥有一个清晰的目标，从而达到有效的团队协作；鼓励大家广泛地参与讨论；能够表达自己的想法；提出问题出现的原因而不是问题所表现的症状。征求多数人的意见而且能够欣赏不同的看法，要信任团队中其他成员，通过寻找更好的做事方法来锻炼个人和团队的创新能力。所有权的候选人最好能证明他对这些关键要素的理解，并且将它们运用在需要团队协作的其他情况中。至少，在竞选所有权之前，他们应该表现出理解并且有兴趣发展个人的团队协作能力。

个人风格和人际关系技巧

领导人必须和其他人一起有效地工作，无论在公司内还是公司外，包括和搭档、员工、顾问，还有客户合作。因此，所有权的候选人应该注意他的个人风格，确保与那些支持他的人成功地相互合作。不管公司的规模是大是小，公司的成功是通过和其他人相互合作达到的。人们有不同的个性和不同的个人风格；性格类型测试工具（Myers-Briggs Type Indicator）定义了16种不同类型的性格。因为个人为人处世都离不开他们自己的风格，每个人的习惯不一样。他们在工作场所依照他们的个性发挥他们的作用并且履行他们的责任。这对了解一个人自己的风格很有帮助，对了解与他们相互影响的人的个人风格也很重要。通过这么做，我们影响别人的能力提高了许多，从而能按我们的喜好作出决策。

当个人风格的差异得到理解，而且增强人与人之间的关系和交流的技巧得到提高的时候，人与人之间成功地相互影响的可能性就会有显著的提高。因为这些原因，每个候选人应该具有能够培养成功人际关系的个人风格，并且每个候选人必须愿意为了公司的利益改进他们的交际技巧。

促进其他人的职业发展

这是一个经过长期验证的关于有效管理的前提，实践证明，顺着公司的组织结构表往下，一个人可以将决策和行动的权力授权给下级，并且让他们适当地执行这些权力，这样的组织形式将会更有效。这个前提不只是建议同意授权给下级，它还意味着需要去提高那些将被委派职责的人的技能。候选人必须愿意授权给下级，并且有责任促进那些他们所授权的人的职业发展。

道德规范

候选人应该证明他具备优秀的道德规范行为，而且当公司其他人的行为没有适当地遵守个人标准规范和职业道德标准时，他们应该采取适当的行动。尽管可能并不明确个人道德标准具体是哪些，但是专业标准通常是很清楚的。例如，美国建筑师学会（AIA）结合其成员所应该具有的规范、标准和行为规则，公布了一套道德和职业行为准则。此外，它保留了国家道德规范委员会去审理并且判决那些他们注意到的不道德行为。被发现犯有不道德行为罪行的会员会依照 AIA 准则进行责罚，暂停或者终止他们的会员资格。

提示
关于 AIA 道德和职业行为准则的更多信息，可以在由美国建筑师学会在华盛顿ＤＣ出版的《建筑师职业行为手册》中查阅。

献身于专家团体和行业团体活动

如果现任所有人积极参与专家团体活动和行业团体活动，他们也会希望他们的继承人表现出相同的兴趣。因此，候选人们应该了解这样的额外贡献对公司的成功非常重要，而且他们应该投入大量的精力到这类专家团体和行业团体的活动中。开始步入这样舞台的原因是多方面的。

参与专家团体活动能培养与同领域内其他人的关系，这些关系可能促成将来的合资行为。它能积累技术知识，增强个人的专业技术，并为提高个人在社会中的地位提供一个机会。

参加行业团体活动的专家们有机会获得行业信息并发展与业内人士的关系，这些可能会带来新的项目。集体活动是个开放的舞台，在这里专业人士们能更多地自我展示并且提高个人表现技巧。并且，同专家团体活动一样，行业团体活动也能使专家们对行业团体本身的改良起到重要的作用。

对公司的投资

候选人必须了解公司基本的投资需求,承认和尊重这种投资所带来的资金回报。首先,准备必要的投资作为资产净值本金。这种义务明显是要贡献个人的基金,动用一部分将来能得到的补偿资金,而且接受其中的金融风险,签下银行贷款、租赁或其他债务工具的个人保证书。所有人必须将公司资本化,通过在公司运营之初投资个人基金,推迟发放红利以满足流动资金的需要;投入额外的资金,亲自承担因偿还用来满足短期现金需要而借贷基金的风险。简而言之,当参与挑选领导人时,候选人必须愿意承担业主的财政债务。

提示
候选人必须愿意承担拥有所有权所带来的财政债务。

行为榜样

领导人为公司其他人树立了榜样。因此,候选人也应该始终如一地展示他希望其他人去效仿的行为。候选人应该证明自己的行为和执行任务的水平可以为公司的成功作出贡献,让他们的员工跟随他们的领导,并模仿其行为。

信任

虽然这是这一系列的最后一点,但在最后的分析中,信任往往是所有人考虑所有权候选人最重要的标准。在公司内部或外部执行他们日常的职责时,所有人影响着公司的正常运营,并且也影响着他们的继任所有人。尽管相互信任在普通的合伙企业更加重要,但是事实是不管组织的法定结构如何,相互信任都是非常重要的。业主每天做的决策影响到公司的福利情况。他们努力去建立与未来客户的关系,这些客户的项目能实质地影响到公司的类别、方向和公司的名誉。他们为涉及设立酬金和服务范围的合同进行谈判,这需要获得相互的信任。他们做出项目决策可能会给公司带来风险,这种风险涉及到职业责任。他们雇佣那些有能力支持公司的项目的人,或者解雇那些不再为公司的发展而努力的人。他们做出的资金方面和操作方面的决策产生了巨大的费用开支。通过他们所有权的效力,他们可以使公司产生严重的经济问题，也可以使他们的下一任所有人承担职业责任。因而，所有人们必须能够彼此信任；现任所有人必须有信心，能够相信即使在没有监督的情况下，每一个新的所有人也会去"做正确的事情"。

向新所有人传达期望

公司的现任所有人通常对他们的职责有一个直觉的理解。至少，他们已经做出了一系列展示这种职责的实际"决策"。现任所有人将公司变成资本并且对满足公司运行时的资金需要负起责任。他们主持公司的交易并且管理公司。

然而，可能会出现这样的问题，即当现任所有人将权利交给下一届时，下一任成员对所有权的要求并没有相同的感性理解。现任所有人会发现很难说明白，公司需要从所有人那里得到什么，以及为新所有人制定的标准和对他们的期望。这种情况经常发生，因为他们对自己的贡献从来都不清楚。

现任所有人可能认为没有必要明确对新所有人的选择标准，认为他们"当看到他的时候就了解他了"。尽管他们通常希望新所有人有特殊的表现和成绩，现任所有人有时候也很难明白去清晰表达这些期望的重要性。他们应该很清楚他对新所有人行为和成绩的期望。

这里有一个特殊的例子：一家中等规模的公司的两位所有人确定了一个重要的项目经理，他们认为可以将这个人引入所有人行列。他们没有为挑选新所有人而建立特殊的标准去衡量候选人。取而代之地，他们依靠"直觉"认为候选者对公司的管理和技术做出了贡献，某种程度上他们感觉他作为所有人是合适的。他们"由直觉知道"向候选人提供股份以扩展所有权是对公司有益的。然而，现任所有人不了解，他们必须清楚他们期望候选人作为一个所有人应具有什么样的成绩和行为，这和一个非所有人所具备的成绩和行为是完全不一样的。简而言之，他们想要去培养候选人成功地成为一个所有人，而且他们清楚地知道表达他们对达到这个目标的期望极其重要。

在和候选人的一次会议上，所有人向候选人传递了信息，有意去传达他们对所提供的继承所有权的全部想法。所有人在会上

> **关键点**
> 挑选标准
> ▶ 职业成熟
> ▶ 专业与技术才能
> ▶ 一致的价值观
> ▶ 商务理解
> ▶ 对风险的态度和理解
> ▶ 行销和销售能力
> ▶ 客户和项目管理技能
> ▶ 领导技能
> ▶ 战略性思考
> ▶ 管理和关系技能
> ▶ 个人风格关系技能
> ▶ 让其他人得到职业发展
> ▶ 道德
> ▶ 为行业和集体作出的贡献
> ▶ 对公司的投资
> ▶ 对其他人的榜样作用
> ▶ 信任

传达了两个文件：一个文件概述商业交易必要元素的备忘录——公司的估价事宜、转换机制、管理、决策、角色和职责、分红和利益，还有一个文件表达了他们对候选人成为所有人的期望的陈述——这些都编入到以下公司需求的五个方面中：

- 资金：候选人将接受由公司建立的以转让为目的的评估和支付机制；将按比例承担一定的金融风险，包括提供所需的现金资金和为银行贷款承担的个人责任；而且有责任为达到所有人制定的公司收益率水平而作出贡献。
- 市场：候选人要展示领导人水平的市场营销方式；要发展个人的人脉网络去直接或间接地影响公司关于新项目的决策。要积极地参与行业内的、文化的和专业的团体；并且要为公司做一个"商务手册"。
- 管理：候选人要发展和示范整体的、具有领导水平的管理方式；要负责公司的扩展员工计划，了解全部的公司项目，预测人员需要，进行监督；要管理越来越多的项目，为管理公司25%的收入而承担个人的职责；并且要承担CAD监督的职责。
- 质量：候选人应该是公司的质量控制"独裁者"，要和另一个（被称作）领导人共同分担特殊的项目质量控制职责；要组织和指派每月一次关于质量问题的员工研讨会。
- 领导：候选人要积极地参与计划、指导和类似的领导行动；要具备领导水平的谈吐和行为举止；做事要像一个所有人，展现公司的利益并确保员工在工作场所有合适的行为举止；要发展和展现关于扩大公司生产力，特别是关于其他的管理项目的广阔前景。

提示

这一点非常重要：现任所有人要能识别他们认为最有潜质成为下一代领导人的人。

在这个例子中，领导人表达的期望是特别针对特殊公司的职责与境况。这样的期望一样适合其他的公司。尽管表达这样的期望可能是很基本的，好像没有必要，实际上并非如此。他们给了新所有人一个清晰的感觉，关于希望他们有怎样的行为表现和成绩，怎样对他们进行评估，在这些的控制之下，怎样考虑他们的将来。当新所有人了解什么是成功的"外在特征"，他们将会更好地去达到它。最后，个人的成功将为公司的成功作出重要的贡献。

公司估价：公司究竟价值几何？

第4章

当一个创始人考虑所有权转让步骤时，他要面对的最重要的问题之一是：公司的价值是什么？下面的讨论介绍了价值的概念，并为创始人提供了一个框架用来考虑他们公司的价值。

什么是价值？

价值有时候被定义为在非强制的情况下，一个消息灵通的买家将支付给一个自愿的卖家的数目。当涉及到公有公司时，价值的确定就相对容易一些。公有公司需要公布基本的财政信息和关于他们自己的其他的数据。有了这个信息，现任的和继任的所有人能够对购买和销售作出一个合理的决策，通过他们随后在公司所在的股票市场进行公司的股票交易，这个决策将会起作用。每一个这样的处理表现为通过市场的交易程序，以一个双方同意的议定价格，卖家销售而买家支付。通过这个指标，一个消息灵通的买方支付给一个自愿的卖方。公司最后出售的那个时刻就决定了它的价值。对于私有公司就没有这样的市场存在——公司由个人所有，他们通常都会为了他们自己的利益去操纵和控制公司。

很难将私有公司和公有贸易公司做直接的比较。小规模到中等规模的设计公司通常以现金制来支付应缴纳的税款，以权责发生制来管理公司和员工的补偿。在现金制计算中，当收到现金时则被认可为获得了收入,在支付现金时被认为产生了开支,相比而言在权责发生制计算中,不管有没有真正得到现金,挣到收入即承认收入的存在;不管有没有真正付出现金,发生费用即认为产生支出。所挣得的收入通过补偿而被分配:薪水、风险支付(奖金红利)、利益好处和退休计划。额外运转资金的需要一般通过借款或是增加净利润去保证收入(留在公司并且没有被分配的利润)。

另外,因为进入设计服务市场的成本相对比较低,也因为那些拥有并运转设计、计划编制公司的人,提供了非常个性化的服务,所以事实上在这个国家并不存在给这样的公司提供的公设市场。即使一个私有公司的公设市场不存在,这些公司的所有人偶尔也需要去确定他们公司的价值。没有公设市场,在这里通过日常的贸易和公开的报告决定公司的价值,私有公司和计划编制公司价值的决定只能依赖于私人市场,在下面的情况下所有权的交换一般会发生;在私人市场中价值作为这些情况下的一个功能被决定:

> 所有人死亡,继而不动产转移给其他人;
> 内部转让部分或者全部的所有权给公司的其他人;
> 和另一个公司合并;
> 将公司卖给另一个公司,或者购买一个公司;
> 雇员股票拥有计划(ESOP)的发展;
> 公司的清算。

关键点
需要估价的事件
▶ 清算
▶ 内部销售
▶ 合并
▶ 外部销售
▶ 分家结算
▶ 不动产结算
▶ 职工股票先购权计划

怎样决定价值?

如果没有一个公设市场能根据公司的能力和运营情况制定公司的价值,则可用三个方法去确定价值。下面列出的每一个估价方法都有明显的优点和缺点。

> *调查*:可以做一个调查,或者查阅由其他人做的调查,研究其他公司的价值并制成表格。这样的估价调查将收集的数据演化成为价值公式。最好的情况是,这样的调查能显示全部所列公司估价的范围和平均价值。最坏的情况是,数据可能不充分、不精确、不一致、不适当或者不相关。

- **公式**：建立一个价值公式，可以应用于将来的购买和销售。如果这个公式在估价的时候适当地反映了公司的实际情况和适用的环境，这个公式就可以计算出一个合理的估价。然而，如果在估价的时候，这个公式没有考虑影响公司的特殊情况和条件的参数，或者这个公式包括了那些参数，但是应用得不恰当，那么结果可能是不合理的、具有误导性的，或者是完全错误的。
- **由估价师估价**：一些公司会有一名估价师，他在公司估价上很有经验。如果这个估价师在准备经营评价上很精通，并且对公司、公司操作中的纪律和市场都很了解，那么对于特定的目的和条件，估价就很可能是合理的并且是恰当的。然而，如果估价师并不熟悉或者并不了解公司，或不了解公司运营的市场和环境，那么产生的任何估价都很可能是不可信的。

提示
私有公司通常通过查阅相关调查资料，或者雇佣专家对公司进行评价。

估价的构成

通常从一个公司的财政状况的三个方面的考核来估价：净收入、净收益和资本净值。

净收入是由公司的雇员挣得的收入，它支持着公司自己的员工，并且不包括给顾问的或者其他非薪金的项目花费，例如差旅、住宿、再生产或者通信费。一个公司的净收入是公司在会计期产生出的工作量的财政表现（例如一个月、一季度，或者一年）。审查超过三到五年的净收入会展现出一个公司有相当不错的工作量和出口量的好局面。另外，净收入能够起到一个指示器的作用，指示公司在将来会喜好什么和生产什么。将净收入作为决定价值的依据时，买卖双方一般用一个加权平均值，这个加权平均值更侧重于最近几年的情况，而早些年的权重就小些，这些在"加权平均值的决定"中将有所描述。

净收益，或者营业利润，是收入和支出之间差分的算术，而且是公司成功运作的能力的财政指示。利润能使公司成长，再投资到它本身，奖赏有价值的贡献者，并且回报给那些将他们的钱投资到公司的所有人。在净收益检查中，有一点很重要，就

提示
调整报告的净收益是很重要的，用以说明那些已经被分配了的利润，例如奖金、养老金、利润分成计划的分摊，或者收入的其他再分配。

> **关键点**
>
> 价值的组成
>
> 决定价值的一般基准是：
> ▶ 净收入
> ▶ 净收益
> ▶ 资产净值

是要去调整所报告的净收益，对已经以红利、利润分成和额外的领导人补偿等形式分配掉的，或者以其他形式再分配掉的利润做适当的说明。检查调整后的三到五年的净收益，将产生一个公司赢利的美好景象，买方继而就能对公司未来的收入有一个合理的预期。和净收入一样，买卖双方用净收益作为确定价值的一个依据，通常会用一个加权平均值，最近几年的权重大些，而早些年的权重就小些（参见本章"加权平均值的决定"，本书第40页）。

资本净值（也称为账面价值，股东的资产净值，或者合伙人的资产）是公司资产和负债之间的差分算术，它描绘了所有人所拥有的潜在价值。净收入和净收益的成分是用来给预期的买家一个潜在的未来收入和源源不断的收入的感觉，而资产净值则是公司今天潜在价值的货币表现，并且允许买卖双方都去考虑价格和价值之间的关系。不像净收入和净收益在记录公司的运作中存在一个时间的跨度；资本净值是在特定的某个时刻对一个公司的财政状况的描述，因此无须计算加权平均值。

估价的目的：估价怎样被用在所有权转让过程中

在确定一个专业服务公司的价值中，极其重要的是要知道有若干个价值因素要被考虑在内，价值依赖于购买和销售条件，这个条件决定了价值——包括账面价值、清算价值、正在运营的公司的内部销售的价值、外部销售的价值、合并的价值。除了明显地需要为内部或者外部的所有权转让去确定价值之外，所有人离婚的婚姻财产决算，所有人死亡的不动产财产决算，员工股票拥有计划的形成和年度估价，或者所有人自愿地或者非自愿地从公司的雇佣中离开，这些也通常需要去确定价值。

账面价值，通常表示为资本净值，股东的资产净值，或者合伙人的资产，是估价的一般基准。大多数公司在他们的财政决算中都有账面价值这一项或者可以很容易地将其计算出来。它是整个公司的金融状况或条件的表现。用单一的金额数字表示，是所报告的全部公司资产价值（包括应收款）减去它的负债（包括应付款和其他要付的款项）的差。账面价值，在某种程度上，是由公司过去的经营状况在某一个特定的时间所表现出来的缩影，通常在公司的财政年度末，由外面的审计会计师通过检查或者审计工作来检验公司的账面价值。

清算估价在大多数情况下是一个低于账面价值的数字。它表示一个停止运营的公司将可能接受的价值。它通常低于账面价值，因为当处理资产的时候，所有人无力去获得全部的资产价值。

在清算中，不管是在公司内部还是在公司外部，现任所有人都不愿意或者不能够通过向其他人出售他们的所有权股份而实现他们在公司拥有的价值。他们剩下的选择就是停止公司的运作并进行清算。在这样的情况下，所有人尝试去重新获得他们的全部资产价值并且偿还全部债务，在清算的时候将剩余的资产价值分配给他们自己。通常，在这样的情况下的最终价值一般会低于在前面的段落中所描述的账面价值。产生这种结果至少有两个原因：

1. 公司选择这么做很少能够完全获得公司的全部资产，通常情况是，一些可接受的资产变为不可收取的资产，并且固定资产通常是滞销的。

2. 另外，公司变得不能按照合同完成任务并且停止了公司有效的运转。如果公司仍然保持正常的运转的话，公司通常会产生一些直接或者间接的开销，这些开销用来完成合同中签署的任务。并且这些开销往往会超支。在公司清算中，经常会遭受在权责发生制账面价值的 20%～40% 范围内的罚款，而且有时候甚至更多。

内部销售价值一般会是账面价值或者超出账面价值。它认可的价值超过了资产负债表的"资本净值"，确定了一个正在运营状态的公司给它的所有人产生的增值。在内部转让中，现任所有人选定在公司里有能力并且有资格的人，他愿意从现任所有人那里购买所有权股份，并且参与进来和他们一起管理公司。在特殊的情况下，候选人有机会立刻去获得公司全部的所有权股份并承担公司全部的职责。在这两种情况中的任何一种情况,公司都将作为一个正在运营的公司而被保留下来并且将继续它的运营。因为买方将从商务买卖中实现由公司的名誉所带来的财政利益,将得到公司的定单和现有的劳动力,并且通常会从创始人持续地参与市场和管理中得到好处,他们可以支付超过账面价值的保险费。那个保险费——超出权责发生制账面价值的数目——会被理解为公司的"信誉"的价值,如果有的话,这种信誉价值也很少会登记在账册上。事实是在今天的市场中内部转让所支付的价格接近于账面价值。正常情况下,内部销售的价格在权责发生制账面价值的1.0到1.5倍之间,最近的调查显示,合理的资本总额和收益率,平均水平为1.1倍左右。

提示

如果有的话,信誉也是很少被记录在财政决算中的。

外部销售价值一般会高于内部销售价值,这反映了一个事实,外部买方因为不同的原因——快速进入市场,获得一个竞争者,获得想要的技术,得到更多的资金,等等——使他们愿意为这个公司投资并支付比内部买方更高的价值。

提示

在一个好的经济状况下,内部销售的价值一般会在权责发生制账面价值的1.0到1.5倍的范围内。

在外部销售中,由现任所有人确定,或者通过一个外部公司来确定,这个外部公司有兴趣获得出售公司的客户、项目、人员、金融资本、定单和市场。在外部销售中,获得者要承担公司的债务和运行业务的职责,包括公司的薪水发放和其他正常运行花费。在极少的情况下,公司的所有人在意识到公司需要进行所有权转让,并且缺少有能力的内部候选人的时候,会去收购一家更资深的公司。无论公司是收购或者被收购,对于一个外部买方来说,极少会购买小于公司主要控制权的所有权;通常买方会去购买100%的所有权,而不只是主要控制权。因为卖方将他们公司的控制权附带控制权的金融利益还有其他的利益一起让给买方,外部销售通常会提供给卖方一个高于内部销售价值的资金回报,如果卖方希望在三到五年之内马上离开的话。在一个好的经济情况下,外部销售价值可以在权责发生制账面价值的1.5到3.0倍的范围内,再次接受合理的资本总额和收益率。

提示

在一个好的经济状况下,外部销售的价值一般会在公司权责发生制资本净值的1.5到3.0倍的范围内。

合并价值,或者以利益合并为目的的估价,通常确定为账面价值。因为对于合并公司而言,利益合并的目的就是为了整合他们的资源,寻找一个方法去制定一个通用的财政依据去做这些事情。账面价值是最通用的依据之一。

价值决定

当买方和卖方对于特定的转让达成协议时，价值就在买卖交易中被确定，预期的买方和想要在公司内部转让所有权的卖方，对于适用于他们的特殊情况的适当价值，要怎样才能形成共识？

调查。就像前面提到的，确定价值的方法之一应该是去查阅调查资料，学习其他的，有前途的，类似的被转让公司的所有权估价。然而，这样的研究将仅仅提供关于其他情况的信息，不一定能反映一个公司自身的情况。有一个调查——由茨威格-怀特联合估价调查事务所所做，其中包括几个由调查的数据而衍生出的确定价值的公式（例如，茨威格-怀特 Z3 价值，包括评价每一个员工的要素，价值/净收入，价值/毛利润，价值/账面价值和价值/定单）。有兴趣确定他们自己公司价值的所有人，可以将这样的调查中得出的估价公式应用到他们自己的情况中，从而可以粗略地估算他们可能被转让的公司股份的价值。

外部估价(或者鉴定)。当估价必须得到双方的信任，并且/或者必须经受得住详细的审查和质疑，一个鉴定人可以对公司进行有目的的估价——那就是，内部转让、合并、外部销售、审判程序等等，基于在关键时刻市场的条件和公司的特殊性。这个过程包括：

1. 了解业务的细节，并与市场中其他公司比较。
2. 收集并且整理公司的财政历史，从那里得到重要指示。
3. 根据所描述的目的计算价值。

确定价值的方法

像前面所陈述的，设计公司的收购有两个明显不同的市场：内部的，通过转让给在公司里有资格的候选人；还有外部的，通过和另一家公司合并或者被另一家公司收购。因为内部和外部买方的目的不同，他们可以选择不同的确定价格的计算公式。尽管外部买方可能因为很多原因而得到公司，他们一般都会希望他们的投资能够直接得到回报。这使他们趋向于偏爱那些基于收入乘数的公式，因为需要用将来的收入进行再投资。卖方在这种情况下做了一次性的转让并且放弃了控制权,因而他们通常会寻求最大的价值。

内部买方一般会关注是否能在公司保持原有的角色,特别是对于公司的管理,而不是一个直接的投资回报。因为将公司出售给内部买方的卖方通常会在公司保持活跃的行为,当出售超过了一段时间,他们就想去看看现在和将来公司的价值如何。这趋向于选择一个基于资本净值的估价方式。赔偿协议也充分地影响了内部估价方法。

下面讨论这个方法的应用,而且在接下来的例子中,这个方法的应用取决于确定价值的特殊环境。

收益(收益资本)乘数公式

提示
补偿协议充分地影响了内部估价。

最常用的方法是通过一个收益乘数对传统商务进行估价。即规划一个公司将来的收益要基于它的历史收益。计算最近三到五年的平均年收益,并乘以一个价格/收益率。在这个方法中,如果一个公司的平均净收益被测定为,比如说是,10 万美元,买方支付了四倍于这个收益的价钱(40 万美元),他会希望在将来的四年中每年得到 10 万美元的回报(会计师和某些金融专家会使用资本率这样的术语,它是收益乘数的倒数,在这个例子中资本率为 0.25)。

在使用与其他公司相一致的基准来计算公有公司的利润和税收时,这样的公式对于计算公有公司的价值很好用,并且过去也有类似的买方得到相似的投资回报的例子。私有设计公司很少会用传统的方法计算利润,或者缴纳税收。在这样的公司中,每年以补偿和红利的形式将净收益分配给所有人。另外,股东人数有限的公司所有人能够把本来作为补偿或者利润应征税的那部分当作好处和额外补贴提供给所有人。

在一个基于收入乘数的估价中,所得的收入应该以别的方法出现在账本中,并且必须进行调整以说明为什么支付给所有人的薪水大大地超过或者低于在市场相比较同样的职责所支付的薪水,额外的津贴、红利和对退休金以及分红制计划的投资,所有的这些可以被认为是利润的分配[例如,比较本书第 34 页的"收入结算表(权责发生制)"和本书第 37 页的"调整后的收入结算表(权责发生制),2000年12月31日"]。

在流通市场中,以内部转让为目的,基于收入乘数的估价在调整后净收益的加权平均值的1.5到3.0倍的范围内,而且在调整后的外部转让(外部销售)净收益的加权平均值的3.0到6.0倍之间。

净收入乘数

可以以一定比例的净收入为基础对公司进行估价。这种方法允许买卖双方去制定并且同意一个确定起来比较简单的财政基准。当公司从开始一直到购买日期都有边际收益率或者不规则收益率的记录,这种方法就特别有用。可能更重要的是,以收入为基准的估价一般比用其他基准的估价更加稳定一些(也更加不易于操作)。尽管有可能去使用总收入作为基准,使用净收入已经成为了惯例(净收入=总收入-顾问和其他非薪金项目的花费),这是因为设计公司执行任务使用和支付顾问费用的程度不同[例如,可参见本书第34页的"收入结算表(权责发生制),2000年12月31日"]。

原则上,收入乘数法和收益乘数法相似,虽然使用不同的金融基准。一个公司挣得净收入的10%的利润,可以估价为此收益的4倍也可以说是净收入的40%。净收入的百分比方法对逐渐增加的销售和/或不动产是比较公平的,它提供了使公司每年基本上稳定运营的所有其他因素。净收入乘数估价方法最合适的应用和净收益乘数法一样。在实践中,净收入乘数公式作为计算基准使用很容易得到加权平均值,并且它的优点是不需要对基数进行重新计算或者调整就能达到计算基准,就像通常使用收入乘数的情况一样。

在流通市场中,内部转让在净收入乘数的基准上进行估价的范围是在加权平均值的10%~40%之间,也是外部转让加权平均值的20%~80%之间。

账面价值因素

"账面价值"在对实际工作进行评估上比处理实际价值更有优势,它不是凭空设想将来的收入或者投资回报。因为所要求的价格将会基于实际的、可验证的公司的价值,所以在向预期的买

提示
在一个好的经济状况下,内部销售的价值会在净收入的加权平均值的10%到40%的范围内。

第4章 公司估价:公司究竟价值几何?

方提交报价中，账面价值存在一个特殊的优势。此外，因为账面价值主要由运营公司所需要的活动资金组成，所以它也反映了商务交易的成本。账面价值，也称作所有人的资产净值或资本净值，是一个标准的资产负债表数目，并且通常可以很容易由相关的清算账目制定，并由公司的审定会计师校验［例如，可参见本书第34页的"收支平衡表（权责发生制），2000年12月31日"］。

　　无论是计算收益、收入或者资产，计算权责发生制账目非常重要。正如前面所讲的，权责发生制账目记录了所挣得的收入，不管这笔收入什么时候收到，也记录了所产生的开支，不管这笔开支什么时候支付。当计算到账面价值时这点特别重要。在数额和利润相对稳定的公司中，现金制的收入和利润可能接近于用权责发生制计算的收入和利润。账面价值从来不会把应收款（已经执行和列入项目单的项目的价值，但不是收集到的项目）和正在进行中项目的账单（已经执行的项目的价值，而不是在列入项目单中的项目的价值）累积三到四个月。实质上，应收款和执行中的项目加上装修、固定设备、装备器材（减去相应的应付款和其他的债务）组成了在工作中要使用的资金。如果工作量增大，那么项目账单也会增多，应收款增多，公司的账面价值也会同样增多（当然，倘若没有因为财政扩充而产生巨大债务的话）。因为对于设计公司而言，手上留有多于正常运转需要的现金并不重要，如果业务量减少，应收款将被及时地收回，并且那些不需要去投资到运转公司中的多余的现金，可以作为额外的补偿进行分配，或者在一些其他的方面花费掉。产生的账面价值再一次表现了新的、萎缩了的业务规模。

　　在计算账面价值估价中的另一个重要考虑因素，是递延联邦收入所得税的债务处理（定义为，用会计的权责发生制记录应纳税收入时公司所需要支付的税收，减去用账目的现金制实际支付的数目）。在准备（公司的）财政决算中，会计规则正如资产负债表的负债，如果清算公司并收回应收款的话，需要记录所有人应该支付的公司所得税的价值。因为它几乎一直是这样的情况，所有人应分配这样的收入，例如作为公司商务开支可扣除的补偿，并且他们要为此支付个人收入所得税，递延联邦收入所得税所列条款也显示了一个在运行中的公司可能从来都不会支付的债务，并且因此，经常会为了估价的目的而被加回到账面价值中去产生一个税前资本净值。例如，参见本书第 37 页的"调整后的收支平衡表（权责发生制），2000 年 12 月 31 日"。

因而，基于账面价值估价的最重要的优点就是，所有其他的东西都是均等的，它们精确地反映了公司业务中产生的净成本。严格基于账面价值估价的限制是，他们没有考虑到投资过多或者投资不足的情况，或者也没有为收益率留有余地，特别是当这有关"信誉"问题时——例如发展的客户关系，专家的评价，商务交易中的信誉，或者有希望可以为公司提供持续业务的其他因素。因为任何超过账面价值的额外费用可以被理解成为公司的信誉而使用的开支，说清信誉这个问题普遍并且有用的方法，就是应用一个乘数。在当前经济体制中，基于账面价值的内部转让价值估算在权责发生制账面价值的 1.00 到 1.50 倍范围内，用的相当普遍的是权责发生制账面价值的 1.25 倍。在当前经济体制中，基于账面价值的内部转让价值估算在权责发生制的账面价值的 2.0 到 3.0 倍范围内。

为了帮助你理解财政和随后相关的数字信息，我们创建了一个虚拟的公司，XYZ 设计公司，我们将在全文中使用它。

案例研究：XYZ 设计公司

XYZ 设计公司是一个有 20 年历史、20 人的公司，坐落在美国一个中等大小的中西部城市，由 Frank Young 和 Frances Zimmer 创建。他们分别是 55 岁和 50 岁，他们都在这个城市里长大并且接受教育。公司在市镇和城镇中 90 英里半径的范围内发展了一个区域业务服务卫生保健和相关的协会，致力于提供高端的客户服务和优秀的，但不是尖端的设计。通过对客户的反复服务和通过满意客户的推荐，公司得到了大量的项目委托，并且大概 20% 是通过以前的工作而带来的项目。公司组建成为一个专业的公司，其领导人承担了主要的设计、销售和全部的公司管理职责，并且将实际的项目管理和生产性职责指派给公司的雇员。在 2000 年末，公司的收入结算表和收支平衡表显示在本书第 34 页的"收入结算表（权责发生制），2000 年 12 月 31 日"和"收支平衡表（权责发生制），2000 年 12 月 31 日"中。公司最近四年的运转关键价值的摘要显示在本书第 39 页的"财政结算摘要表"上。

收入结算表(权责发生制)，2000年12月31日	
收入	
总收入	$ 3200000
(顾问支出)	(900000)
(其他直接支出)	(100000)
净收入	$ 2200000
支出	
直接薪水支出	$ 750000
间接薪水支出	600000
其他间接支出	775000
全部间接支出	1375000
运营利润	$ 75000
关键指标(调整之前)	
薪水册利用率	0.56
运营利润/净收入	0.03
间接费分摊率	1.83
净收入/直接薪水开支	2.93

方案1：内部转让

虽然他们能够在领导与员工比例为1：9的状态下顺利地运作公司，Frank和Frances，XYZ设计公司的所有人，已经开始计划在未来10到15年之内退休的可能性。Frank想要开始卖掉自己的股票，Frances还没有准备开始卖掉股票。他们已经确定了两个关键的员工，Andrew和Barbara，他们工作效率非常高并且进展顺利。Frank和Frances希望这两个人将能够成功地运营公司，并且也已经决定考虑让他们作为候选人的身份去购买公司的股份。

收支平衡表(权责发生制)，2000年12月31日	
资产	
现有资产	
现金	$ 10000
应收款	800000
在制品	40000
已付开支	10000
现有总资产	$ 860000

(续表)

收支平衡表(权责发生制)，2000年12月31日		
资产		
固定资产		
家具与设备	$90000	
（折旧）	(50000)	
租赁物改良	50000	
（分期偿还）	30000	
净固定资产	$60000	
总资产		$920000
负债		
当前负债		
应付票据——贷款最高限额	$50000	
应付票据——FF&E(当前)	10000	
应付款——顾问	250000	
应付款——贸易	20000	
应计薪金和开支	30000	
当前总负债	$360000	
长期负债		
应付票据——长期部分	$80000	
递延联邦收入所得税	50000	
长期总负债	$130000	
总负债		$490000
所有人的资产净值	$430000	
关键指标		
平均收账期（天）	90	
运营资金	$500000	
必需的运营资金		
@收款率×净收入	$550000	

  Frank和Frances在发展所有权转让项目中，安排了一个管理顾问去帮助他们，在与律师和会计师合作中，他们请顾问帮助了解：(a)以内部转让为目的时公司的价值；(b)让Andrew和Barbara能够接受所提供的价值的方法；(c)为了给候选人一个合理的出价而必须要考虑的其他问题。

第4章 公司估价：公司究竟价值几何？

顾问和所有人碰面，讨论他们转让的目标和目的以及他们对于公司价值的期望，了解公司的管理和运作，并且集合现有的所有权和他们认为工作所需要的财政文件。顾问告知所有人他需要使用以下的方法去决定对公司的估价：

1. 考虑三个方法：净收入乘数，调整过的净收益乘数（在分配和纳税之前的利润），和调整后的资本净值的乘数。

2. 选择最近三到五年时期并且确认公司没有经历主要的结构变化——例如合并和收购——因为在那个期间的经济循环有发生变化的合理的可能性。

3. 展开收入和收益的加权平均值。

4. 应用乘数，基于在私有设计公司中通过顾问和研究结果得到的所有权转让的经验数据的范围。

5. 通过将公司的运作情况与其他的公司进行比较，为了将公司定性的估价转变为定量的估价，而形成一个"数据因子"，继而发展在每一个范围的特殊乘数。

6. 检查和评估这个结果，并得到一个假设性的结论。

7. 测试所提供的结论。构造一个预备方案确保能以所计算的价值进行转让，并且可以合理地完成转让项目。

顾问汇集了公司最近四年的财政数据，并且以收入结算表和收支平衡表摘要的形式用关键财政指标来显示这些数据。

他随后调整了公司的收入结算表，以反映已经被作为红利分配掉的和作为分红制计划花费掉的那些利润的价值。在本书第37页的"调整后的收入结算表（权责发生制），2000年12月31日"中，有一个调整的例子。

最坏情况的案例

中部大西洋的工程公司的两个所有人想要将所有权提供给公司里两个重要的工程师。他们请来了一个顾问帮助他们了解可能会用到的价值和所有权怎样才能被转让。顾问的观点是，公司现在的收支平衡表和收入结算表显示这个公司资产净值为正，但是在过去的几年里公司已经一直在边际利润率水平上运营。尽管在公司资产净值和净收入的基础上可以建立一个合理的估价，但是公司的运作不会有一个显著的改变，预期的买方可能不会按照他们协议好的价格来支付。于是所有人决定推迟任何形式的转让直到他们能够更有利地运转公司。

调整后的收入结算表(权责发生制)，2000 年 12 月 31 日	
收入	
总收入	$3200000
(顾问支出)	(900000)
(其他直接支出)	(100000)
净收入	$2200000
支出	
直接薪水支出	$750000
间接薪水支出	600000
其他间接支出	775000
全部间接支出	1375000
运营利润	$75000
调整	
高于/低于市场价格的所有人薪水	$0
领导人和员工的奖金	150000
职工分红计划贡献	50000
总调整	$200000
调整后的收入	$275000
关键指标(调整之后)	
薪水利用率	0.625
运营利润/净收入	0.125
间接费分摊率	1.57
净收入/直接薪水开支	2.93

顾问也调整了公司的收支平衡表，并将递延联邦收入所得税加回到资产净值中。而递延联邦收入所得税的价值记录成与标准会计(行业)实践相一致的负债。只要公司继续运营它就不是一种将要且可以支付的负债。这个调整的样板如本页的"调整后的收支平衡表(权责发生制)，2000 年 12 月 31 日"所示。

调整后的收支平衡表(权责发生制)，2000 年 12 月 31 日	
资产	
现有资产	
现金	$10000
应收款	800000

(续表)

调整后的收支平衡表（权责发生制），2000 年 12 月 31 日	
资产	
现有资产	
在制品	40000
已付开支	10000
现有总资产	$ 860000
固定资产	
家具 & 设备	$ 90000
（折旧）	(50000)
租赁物改良	50000
（分期偿还）	(30000)
净固定资产	$ 60000
总资产	$ 920000
负债	
当前负债	
应付票据——贷款最高限额	$ 50000
应付票据——FF&E（当前）	10000
应付款——顾问	250000
应付款——贸易	20000
应计薪金和开支	30000
当前总负债	$ 360000
长期负债	
应付票据——长期部分	$ 80000
递延联邦收入所得税	50000
长期总负债	$ 130000
总负债	$ 490000
所有人净值（NW）	$ 430000
调整递延联邦收入所得税	50000
调整后的资本净值	$ 480000
关键指标	
平均收账期间（天）	90
运营资金	$ 500000
必需的运营资金@收款率×净收入	$ 550000

财政结算摘要表				
	2000 年	1999 年	1998 年	1997 年
总收入	$ 3200000	$ 2800000	$ 2500000	$ 2750000
净收入	2200000	1900000	1650000	1600000
调整后的收入	275000	228000	173250	160000
调整后的资本净值	480000	460000	400000	420000

顾问准备的"财政结算摘要表"如上所示。

通过使用 XYZ 设计公司最近四年的数据，公司顾问计算出了净收入的加权平均值和调整后的净收益的加权平均值。他选择了一个认可公司当前状况的重要性的权衡机制，并且这个权衡机制以统一的基准使过去每一年的重要性持续逐渐减少。这个例子中所使用的一个持续降序列由下面的公式决定：

$$\sum_{0}^{n} x^n = 1.00$$

考虑到这些年的情况应用这个公式产生了如本页下部的"加权常数表"，并且这个公式也被用在了本书第 40 页的"加权平均值的决定"表格中。在相对重要的前几年，在这一级数中的每一年都具有统一的比率，其结果是序列的总和为 1.00。

权重因素的应用见"加权常数表"，公司顾问计算出最后四年净收入的加权平均值和调整后收益的加权平均值，如第 40 页的"加权平均值的决定"所示。

加权常数表		年数				
每年的比率	1	2	3	4	5	6
第一年	1.00	0.618	0.544	0.518	0.509	0.504
第二年		0.382	0.296	0.268	0.259	0.254
第三年			0.160	0.139	0.132	0.128
第四年				0.072	0.067	0.065
第五年					0.034	0.033
第六年						0.016

加权平均值的决定

净收入的加权平均值的决定

年份	净收入	权重因素	净收入加权
2001	$2200000	0.52	$1144000
2000	1900000	0.27	513000
1999	1650000	0.14	231000
1998	1600000	0.07	112000
加权平均值		1.00	$2000000

调整后收入的加权平均值的决定

年份	净收入	权重因素	净收入加权
2001	$275000	0.52	$143000
2000	228000	0.27	1560
1999	173250	0.14	4255
1998	160000	0.07	1200
加权平均值		1.00	$240015

了解到在现在的市场中内部所有权价值的合理范围是从净收入的加权平均值的10%到40%，调整后收益的加权平均值的1.5到3.0倍，调整后的资产净值的1.0到1.5倍，公司顾问为公司开发了"XYZ设计公司数据因子"，以决定XYZ设计公司的价值应该属于哪一个合理的范围内。

最坏情况的案例

一个10人规模的顾问公司惟一的经营者想要通过向他们公司最高级的雇员出售公司的股份，从而减少他在公司所持已经好几年的股份，他咨询了律师，这位律师在处理设计专业公司的普通事务上没有丰富的经验，特别是在设计专业公司的所有权转让问题上，更是一点经验也没有。经营者讲述了他的目标，并且描述了公司的客户、员工和公司的实力，并且告之公司的年收入接近$1000000。根据这些信息，律师准备了一份清单，将公司的价值确定在$1000000，希望预期的买方能用差不多10年的时间付清这笔款项，在付清所有款项之后，公司将由买方所有。经营者向他预期的候选人展示了这份清单，但是没有提供其他任何关于公司的信息，于是他转让公司股份的提议被候选人拒绝了。

数据因子

利用从公司得到的相关信息，顾问评估了公司的运转情况和公司条件，并开发一个数据因子去将这种评估数值化，正如下页表所描述的。注意数据因子中的参量范围从 0 到 5。0 表示"非常少";3 是"平均值"(一个例行公事的谨慎的成功的公司);5 是"特别强大"(0 或者 5 很少出现在数据因子中)。

XYZ 设计公司的数据因子		
类别	次乘数倍数	乘数倍数
商业发展		
系统与组织	3.0	
市场力度	3.0	
声誉	2.5	
客户基础的多样化(市场,广博的地理优势)	2.0	
销售基础的多样性	2.0	2.50
项目交付		
项目的质量和服务	3.5	
技术应用	2.5	
高级员工的参与(负责人的控制)	2.0	2.67
人力资源		
资金周转水平	3.0	
员工素质	2.5	
培训和发展	2.0	
公司文化	2.5	2.50
财政执行		
利润	2.5	
当前财政指标	2.5	
财政稳定性	2.0	2.33
领导和管理(超出负责人的)		
能力和质量	2.5	
第二层管理的力度	2.0	
转让的委托事项	3.0	2.50
所有乘数倍数的平均值		2.50
数据因子(2.50/5.00)		0.5

解释

在一个典型公司,平均利润和一般的平均乘数倍数按照数据因子的标准,以三种方法中的一种进行计算。计算出的价值结果都将一样。在大多数实际情况中,如果平均值不同,以这三种方法计算,所得到的结果也不同。这些结果随后经过分析和结合会得到一个推测性的结论。

使用数据因子,公司顾问能基于三种方法中的任何一种计算出内部转让的价值,方法如下:

1. 净收入乘数

概念:应用一个乘数,它取决于在像 XYZ 这样的设计公司转让所有权,应用数据因子得到净收入乘数的范围,得到最后四年净收入的加权平均值。

公式:

$V_{NR} = \{基数 + [数据因子 \times (范围)]\} \times (净收入加权平均值)$

内部销售范围:0.1～0.4

净收入的加权平均值：$2000000
计算内部估价：
$$V_R = \{0.1 + [0.50 \times (0.4 - 0.1)]\} \times \$2000000 = \$500000$$

2. 收入乘数

概念：应用一个乘数，它取决于通过应用数据因子得到收益（调整后的收入）乘数的范围，在像 XYZ 这样的设计公司转让所有权，最后四年调整后的净收入的加权平均值。

公式：
$$V_E = \{基数 + [数据因子 \times (范围)]\} \times (营业利润加权平均值)$$
内部销售范围：1.5～3.0
调整后收入的加权平均值：$240000
计算内部估价：
$$V_E = \{1.5 + [0.50 \times (3.0 - 1.5)]\} \times \$240000 = \$540000$$

3. 资产净值乘数

概念：应用一个乘数，它取决于应用数据因子得到资产净值乘数的范围，在设计和计划公司转让所有权，目前的权责发生制资产净值，调整后反映了，例如递延收入所得税这样的数据因子。

公式：
$$V_{NW} = \{基数 \times [数据因子 \times (范围)]\} \times (调整后的资产净值)$$
内部销售范围：1.0～1.5
1999 年 12 月 31 日调整后的资产净值：$640000
计算内部估价：
$$V_{NW} = \{1.0 + [0.50 \times (1.5 - 1.0)]\} \times \$480000 = \$600000$$

从所有人那里得知，他们想要在账面价值实现一个适当的奖金，而且要对计算出的价值进行检测使它具有可承受性（参见第 5 章"使购买成为可能：所有权转让机制"），顾问建议内部所有权转让的适当价值为 $600000，用公式表示就是公司权责发生制账面价值的 1.25 倍。

方案 2：合并

尽管在当前领导与员工比例为 1∶9 的情况下，XYZ 设计公司的所有人 Frank 和 Frances 已经能够很顺利地经营公司，但是他们仍然开始考虑在 5 到 10 年内从所有权的职责中退出来。尽管他们有一些非常优秀的员工，工作有效并且顺利，但他们不认为员工中的任何一个能够在所有人拥有所有权的水平上为公司工作，成功地运营公司，并且将公司完全的购买过来。

然而，最近出现一个机会。XYZ 设计公司曾经在一个项目中与另一家小一些的公司（设计团队有限公司，一个 10 人规模的公司，净收入为 \$1000000，账面价值 \$240000）建立了合资关系。在项目合作的工作过程中，XYZ 设计公司开始考虑和设计团队公司合并不仅可以提高公司在市场中的竞争力，获得客户并实施项目，而且可以在他们考虑优雅地退休时提供他们所需要的未来领导人。设计团队公司的所有人表示了他们可以接受考虑两家合并。

这两个公司交换了关于公司所有权、财政状况、市场、项目、行政和其他方面的文件。双方公司的领导人进行了几次会面，并且比较了他们公司工作的几个方面，包括：
- 将来的目标与目的；
- 角色与职责；
- 客户与项目；
- 营销结构与程序；
- 公司组织机构与管理；
- 员工与薪水；
- 项目结构与程序；
- 财政状况与运作；
- 管理方针与程序。

双方公司领导人寻找了几个客户和有影响力的人，看他们对两个公司合并的前景有什么反应，并且拟出一个有可能被充分接受的合并计划。我们已经知道他们一起工作得很好，他们觉得合并很可能会成功，并且会给他们带来一个更好的平台，他们可以利用这个平台去实现将来的个人目标。他们达成了一致，如果可以解决财政交换的问题，他们的合并将不会有其他的"交易障碍"。在他们各自的会计师和律师审查了这个计划之后，他们决定在利益合并的基础上继续进行公司合并计划。

在一个利益合并中，很少或者根本没有任何的现金交换。每一个公司将他们的资本和负债贡献出来，用于创建一个由双方公司的资本和负债结合起来的新公司。在XYZ设计公司和设计团队公司的案例中，XYZ设计公司贡献出了它$480000的账面价值，设计团队公司则贡献出了它$240000的账面价值，创建了一个新的更大的公司，新公司的账面价值为$720000，其中每一个原来的所有人在合并之后还像以前一样拥有同等的价值。XYZ设计公司的所有人拥有相等的100%的公司资产净值，$480000或者每人$240000；设计团队公司的所有人拥有相等的100%的公司资产净值，$240000。也就是说，两个公司合并之后，XYZ设计公司的两个原来的所有人将拥有$480000——$720000的三分之二——或者每人$240000，并且设计团队公司原来的所有人将拥有$720000的三分之一，即$240000。

尽管在这个案例中现金交换可能并不重要，在某种环境下，当公司间进行合并，在他们各自的价值上做适当的价值调整，就可能变得非常必要了，如果他们资产净值与净收入的比率有实质的区别，这就可以反映他们在各自的资本基础上的创收能力。

方案3：被其他公司收购

建筑工程有限公司(A&E)，是活跃在和XYZ设计公司相同环境的市场中的一个大公司，并且他们的客户和项目也很相似，他们与XYZ设计公司的所有人接洽并询问他们是否可以考虑让XYZ设计公司加入A&E的计划。XYZ设计公司的所有人考虑到，与A&E公司建立一个从属关系可以为他们提供一个机遇去做更大、更具有挑战性的项目，可能会使他们对那些寻找已久的项目更具竞争力，并且可以为他们自己提供一个更好的现成的策略。他们积极响应并与A&E的代表进行会晤，A&E的代表描绘了XYZ设计公司成为他们公司收购的一部分所带来的利益，可以促进他们公司在地理位置上的领域扩张，在这个扩大的领域中，XYZ设计公司还是和以前一样强大。他们已经足够了解XYZ设计公司，他们猜测在XYZ设计公司的所有人有意退休之前，可能很难在相对有限的剩余时间里足够快地完成内部转让以达到他们的财政目标，因此他们可能接受一个不同的现成的策略。

A&E 的 CEO 和 XYZ 设计公司的所有人见了面，讨论了 A&E 的兴趣并介绍了关于他们公司的信息。其中，他们讨论了：

▶ A&E 的公司扩展机构和 XYZ 设计公司怎样适应其中；

▶ XYZ 设计公司所有人在 A&E 公司组织机构中和项目中的角色和职责；

▶ 怎样将 XYZ 设计公司的员工融合到公司中来；

▶ 怎样保留 XYZ 设计公司的客户。

XYZ 设计公司的所有人对被 A&E 收购的可能性非常有兴趣，很愿意提供关于他们公司更多的信息。在和 A&E 公司签订了一份保密协议之后，这份协议禁止揭露并使用 XYZ 设计公司的信息，A&E 的代表得到了一个装有全部信息的文件包，里面包括 XYZ 设计公司的客户、项目、前景、员工和财政信息。A&E 公司彻底查看了这些文件，他们向 XYZ 设计公司询问了在审核中出现的疑问并得到了回答。A&E 分析了 XYZ 设计公司的财政运作情况和条件，以便决定 A&E 愿意支付收购 XYZ 设计公司的价格，A&E 公司认为 XYZ 设计公司的所有人可能愿意以这个价格出售公司。基于 A&E 过去收购公司的历史经验，他们知道 XYZ 设计公司的所有人会放弃公司的控制权，并且基于他们对市场的认识，A&E 出价 $1200000 购买 XYZ 设计公司全部 100% 股份，这是税前价格，在交换中包括购买的资产提高了的资金和给出售所有人的补偿。在本书第 46 页的"买方的价值分析"中，示范了 A&E 公司对收购情况的分析。

做完他们自己的分析，XYZ 设计公司的所有人觉得如果这是税后购买股票价格的话，那么 $1200000 会是一个公平的价格。然而，要知道在税前基准上支付这样的价格对于 A&E 公司而言更具有可支付性，因而更可能达成协议。Frank 和 Frances 同意在资产购买价格加上高额补偿的基础上接受收购，但是只在价值提高 25% 达到 $1440000 的前提下。通过这么做，A&E 公司就能节省 $225000 的税款，并且，卖家 Frank 和 Frances 也会在税后股票购买实现相同的净收入。他们的分析如下表"卖方的价值分析"所示。

买方的价值分析		
假设		
平均净收入	$2 000 000	
平均净收益	240 000	
资本净值	480 000	
估价@2.5×NW	$1 200 000	
	资金处理现金	＋扩充补偿
100%价值	$1 200 000	$1 200 000
购买		
买方支付	股份 $1 200 000	固定资产 $240 000
买方欠款	0	补偿 $960 000
买方的税收成本@25%	$300 000	$60 000
买方的总成本	$1 300 000	$1 260 000
利润分配		
买方年收入	$240 000	$240 000
买方支付卖方	0	每年 $240 000，共4年
买方偿还期	6.25年	5.25年，包括最初支付

卖方的价值分析		
	资金处理现金	＋递延补偿
100%价值	$1 200 000	$1 500 000
购买		
买方最后支付	股份 $1 200 000	固定资产 $300 000
买方欠款	0	补偿 $1 200 000
买方的税收成本@25%	$300 000	$75 000
买方的总成本	$1 500 000	$1 575 000
利润分配		
买方年收入	$240 000	$240 000
买方支付卖方	0	$240 000
买方回收期	6.25年	6.6年，包括最初支付
出售		
卖方收到	$1 200 000	$300 000

(续表)

卖方的价值分析		
卖方资本收益税@20%	($240000)	($60000)
卖方净所得	$960000	$240000
卖方的额外补偿	0	$1200000(5年以上)
卖方所得税@40%	0	($480000)
卖方净所得	0	$720000
卖方出售的全部净所得	$960000	$960000

XYZ设计公司所有人向A&E的代表还价，A&E的代表接受了这个价格。领导磋商谅解协议（有时候称作条款清单）的细节，这个协议书面证明了他们的协定（遵从经过审慎调查确证的事实），关于：

- 所支付的价格；
- 支付的方式和时间表；
- 结算日期；
- 雇佣XYZ设计公司的员工；
- 审慎调查的时期和内容；
- 向员工、客户、行业和公众进行公告；
- XYZ设计公司领导人的所有权在A&E公司的位置；
- XYZ设计公司领导人的雇佣期限；
- XYZ设计公司领导人的角色和职责；
- XYZ设计公司领导人的补偿和利益；
- 完成一致工作指标的相关的红利。

A&E和XYZ设计公司的领导执行了谅解协议，并且进行了必要的审慎调查以确保他们自己在谈判期间展示的数据是真实的。

可降低估价的情况和例外

决定估价的基本数据是财政数据。这个数据报告记录在两个财政文件中：公司的收入结算表和收支平衡表。但是价值的决定同样也依赖于并要采用其他的条件，这些条件中有一些没有被记录在财政决算中。这些条件至少要包括操作运营，适当的资本，正常的定单量，和重要人物的持续参与。

最坏情况的案例

一家大型园林建筑和规划公司的创始人到了正常退休年龄，但是仍然继续从事他们的销售工作并承担项目职责，他们以合理的价格签订了合理的条款出售小部分的公司股份，将一个主要的第二代设计师和管理人员团队带进了所有权行列。第二届所有人继续执行他们的项目职责，同时逐渐开始承担销售和公司全方面的管理职责，尽管他们做这些方面的工作时间是有限的。

当创始人快要退休时，他对于第二届所有人能够靠他们自己成功地运作公司缺少信心，并且担心他们可能会因此没有能力购买创始人剩下的股份。而买方自己也对此缺乏自信。大概是在同一时间，所有人决定要考虑将公司出售给一家更大的公司（一个更有前途的公司，一个规划和设计能力是和他们互补的公司，并且是一个能证明有很好的文化氛围的公司），这个公司带着相同的目标接近他们。一位顾问帮助这两家公司去评估成功收购的可能性，并且帮助他们了解怎样完成公司的合并。两家公司进行协商并且同意了各自提出的条件。包括价格、支付条款、角色、职责，还有对关键个人的补偿。在协议签署的前一天，购买方公司自己却被一家更大的，公有的公司收购，这个买卖就此瓦解。

有一些条件和情况就像红色警报一样，提醒买方公司的估价应该是不断复查和调整的，一直到合适为止，这些条件和情况包括：
- 投资过多或者投资不足；
- 不正常的定单量，低于或者高于在同样的市场中其他公司的标准定额，并相对于公司自己的历史定单量过高或者过低；
- 正在进行的起诉；
- 存在未偿还的债务和未支付的保险；
- 实际不动产和其他资产的市场价值超过其账面价值；
- 在技术上投资不足或者投资过多；
- 不正常的运营程序；
- 不正常的人员流动；
- 少数民族所有商业公司（MBEs）、女性所有商业公司（WBEs）或者弱势群体所有商业公司（DBEs）。

投资过多或者投资不足

大多数的专业设计公司尝试用足够的运转资金去运作公司，

以便在公司运作和需要更多的资金时,不必有额外的投资,但是也没有留下超出需要部分的多余现金。通常,可以放置一个适当数目的多余资金闲置不动,如果公司认真地监控它的债务收回率,并且在一定水平上允许用这部分资金去奖励公司的投资者和执行者,也保留了充足的资金可以投入到所希望的资本投资和公司成长上。

一个投资不足的公司将没有足够的运转资金去投入到公司的正常运营中,也没有充足的资金可以投入到所希望的资本投资和公司成长上。在这样的情况下,一个考虑部分或者全部收购公司的买方将很快观察到,公司将来的部分或者全部收入将会被用于增加公司的运作资金,而不会用来分配给公司的所有人。消息灵通的预期买主因此很可能会用精确的数字反映公司资金的不足,从而对公司的价值大打折扣。

另一方面,出售公司可以留下比公司运营所需要的更多的现金,聚集公司的价值比付出现有的利润要好。在这种情况下,公司将来的收入将很可能被用于分配,但是它现在的价值可能不具有吸引力或者公司所有人接受不了,特别是当卖家想得到好几倍于权责发生制账面价值的时候。

定单额

定单额,是指那些已经签订合同的但是还没有收到钱的收入的总和,它很少出现在财政决算中,但仍然非常重要。因为公司经常清理这些定单额,没有它专业劳务公司就不能生存,没有后继的项目,公司也不能长久持续。从实施服务的那天算起到收到这些服务所赚来的钱,通常要花几个月的时间。因此,公司试图保留相当于几个月的净收入水平的定单额去维持源源不断的收入。

定单额低于正常水平的公司,它可能的买家会合法地关注公司预期的收入,并且很可能降低他对公司价值的评估。相反,一个定单额远远超过一般标准的公司,通常会向买方显示出巨大的利益。公司所具有的,或者能提高的能力去提供所需要的服务,强大的定单额预示着强大的未来收入——在卖方考虑公司价值的

提示

如果公司可能要从不会被允许或者甚至在销售公司的时候根本就不会被考虑的条件中获利的话，可以考虑使用未来的特许权使用费或者相似的收益外购约定去补偿卖方。

时候，建议卖方要考虑进去的一个利益因素。

那些已经卖出去的业务的价值又是多少呢？还有那些已经确定但是还没有签订合同的初步的委托意向的价值又是多少呢？对于预期的买方而言，真正按照项目合约执行合同会使公司的价值大幅度增长。但因为不能确定一定会签订合同，而且也不能确定一定会执行所承诺的服务，基于这些可能性，买方可能会阻止提高公司的价值。一个可能的结果是在没有损害买家经济利益的情况下可以给予卖家适当的补偿，这种结果就构成了支付给卖家的特许权使用费，如果公司在转让发生之后实现了这类收入的话。

起诉

公司有时候会认识到项目的环境有可能对公司的财政产生消极影响。有时候这些环境导致负债；有时候没有。如果公司不确定是否会有负债，可能会选择根本不将它写入报告中。

当公司外部的会计师参与准备财政决算时，不管有没有经过编辑、复审，或者审计，他们通常会问有没有任何可能影响公司的问题，例如未定的或者受到威胁的起诉。如果已经确定有一个特殊的债务，会计师可以选择在公司的收支平衡表上记录这个债务。然而，如果这个特殊的债务数目未知，这就不能作为债务记录，但是可以作为决算表备忘录的赏罚项目建立起来。

预期的买方被建议对公司的财政决算上不寻常的债务进行检查，或者检查财政决算的备忘录，这个备忘录记录了将来可能导致消极结果的事件。买方也应该不仅仅关注于收支平衡表：向卖方询问还未定的诉求和行动清单；询问卖方关于当前的威胁和争夺的问题，并确保不存在这样的负债。

房地产

许多设计专家认识到，如果他们购买一座写字楼或者一套办公室并且租出他们公司的空余的地方，而不是租赁写字楼，那他们就可以更好地使用本来花在租赁和租赁物改良上的费用。因为，房地产所有权的税收利益自上而下一直会流动到公司的经营者和合伙人，他们不同于公司的股东或在公司工作和购买房地产的设计专家们。这些股东和设计专家常常成立独立的公司，通常是合伙企业，为了从服务公司的债权人那里保护实际资产，也为了躲避财政税收，而拥有房地产。在这种情况下，他们公司的不动产和负债，看起来非常不同于那些不拥有房地产的公司。例如，如果房地产资产很大程度上或者已经完全折旧，并且已经没有任何相应的债务，例如抵押贷款，在买卖交易中，相对于实际价值而言公司的价值可能很大程度上被低估了。无论如何，买家和卖家都应该将任何房地产的所有权从公司所有权中分离开来，也应该确保在对公司的估价中完全说明它的实际价值。

预期的买方应该要求拥有所有不动产的地契复印件，还有出租的租赁合同和有关责任合同的复印件。

提示

除了在少数情况下，最好是保留房地产的所有权，甚至是公司运营所使用的房地产、公司业务之外的房地产的所有权。

技术

仅在 20 年前，用一个假的执照，空的办公室，和一个设计用的丁字尺就能成立一个设计公司。随着计算机时代的出现和日益繁荣，设计行业需要在技术方面有更多的初期投资和再投资，以保持公司的技术活力。通常，这样的投资差不多每人每年在 $3000 到 $5000 之间。那些没有跟上技术需求，保持在硬件、软件上的竞争力，也没有对特殊技术培训注入资金的公司，可以增加债务以使公司恢复到一个适当的技术能力水平。

在对一个公司进行估价时，买方应该确定公司的技术更新是否与行业领域保持同步，进而公司的实际资产价值是否需要调整。另外，预期的买家应该保证硬件和软件所需要的许可证已经到位，并已安排好技术共享和交流。

运作规程

偶尔，一个公司将发展能够在和其他公司竞争项目时创造优势的实务、步骤或者规程。当那些实务、步骤或者规程是公司特有的，公司可以比其他的竞争者得到更多的财政投资回报。这个规程可以包括客户公司的内部信息，一个解决客户问题的特殊有效的方法，或者一个不管对任何类型的客户都能更有效运营的全面的公司实务。很少有规程可以应用于一个广泛的条件范围，因此一个公司的规程很少会适用于其他的公司。

买方应该了解公司运营的方法，并决定是否使用任何特殊的规程提高（或者降低）公司在交易中的价值。

人员流通

设计工作越来越具有很强的技术性，但是它仍然保留了劳动密集性的特点。它依赖那些无论有没有使用计算机，都能够做这项工作的人，并且公司也动用巨大的开销去支付他们的薪水。所以如果没有那些称职的专家、合格的专业技术、有能力的职员和对公司的规程和步骤有丰富经验的管理人员，公司就不能有效并高效地运作，这并不是简单说说而已。

公司的员工有时候会因为个人或者特殊的原因离开公司；这是可以理解的，并且在某种程度上也是可以接受的。然而较高的人员流动率通常预示着公司中存在着某些问题。因此，估价人或者买方遇到这种情况应该回顾一下离职人员的数量，了解是什么原因造成不正常的离职率，这有没有可能会在将来阻碍公司有效地运营。

少数情况

作为管理行为的结果去改变以前对文化、种族、性别、不同地方和国家的歧视，联邦机构已经为那些弱势群体成员作为所有人所控制的公司，如少数民族所有商业公司（MBEs）、女性所有商业公司（WBEs）或者弱势群体所有商业公司（DBEs）设立了特殊政策。作为这些类别中的一种，确定公司的类别并进行注册并不能保证这些公司会有稳定的收入。不过，有了这些特殊政策，这些企业能够在某些市场中具有一定的竞争优势，主要是在公共部门项目上。因此，估价人或者买方应该确定这个公司是否是少数民族所有并且已经注册登记。对这样的公司的特殊考虑是否会对公司自身有利，公司有没有从这个特殊的地位中得到任何好处，或者有没有可能在将来得到好处，公司因此所得到的利益会不会影响它的地位？

制定公司价值的根本要素是基本的财政指标功能和关系，特别是净收入、收益率（收入）和权责发生制账面价值（资本净值）。然而，其他没有必要记录在收支平衡表或者收入结算表中的条件有可能戏剧性地影响到公司的福利，并且最终也影响到公司的价值。估价人和买方一定将这些条件考虑进去，不仅要表现对特殊公司真实的评价和估价，还要表达一个观点，反映估价人对可能进行转让的公司价值的真诚评价。

第 5 章 使购买成为可能：所有权转让机制

在一些公司，它的负责人考虑所有权转让有时候要面对这样的问题，即基于公司的资产净值的高价值导致买方要支付一个高价格——如果得不到别的帮助就支付不了这个价格。如果公司帮助买方使其更容易地支付这笔价钱，那么这个公司需要给买方提供非常高的补偿（更高的薪水，或更高的利润），使买方在缴纳了补偿收入所得税后，还能够有充足的资金去支付。当公司已经有，或者预期将来会有低收益率的时候，问题就更严重了。

本章讨论了几个可供选择的策略，公司可以用这些策略使候选人更加有能力去购买所有权股份，并且因此也更可能完成转让项目。

税后股票转让

假设以一个有限公司形式运营的公司想要在内部转让所有权，在内部以公司价值的 10% 转让给一个新的所有人。参照 XYZ 设计公司，公司的顾问以内部转让为目的计算了公司价值之后（正如第 4 章所描述的），他用已经计算出来的加权平均值对 XYZ 设计公司的未来财政做了个假设，并且用这些假设作为决定价值方法的基准，通过这个基准公司的价值就可以从卖方转让给买方，正如本书第 56 页"内部转让机制"中所述。

如果，正如所示的，以内部转让为目的，公司 100% 的价值是 $600000，那么公司 10% 的价值就是 $60000。在一个税后股票购买形式的转让中,候选人购买了 10% 的公司股份,将支付 $60000。那个买方可以用其自己的资金,借一部分或者借全部此次购买所需要的资金,或者卖方可能会允许买方支付一个预付订金,并签署一份剩余部分的支票。

提示

购买价格对于买方来说必须是可支付的。如果不是这样,买方或者买方们将可能选择不去购买公司的股份,转让也将不会发生。

内部转让机制		
假设		
净收入	$2000000	
调整后的收入	240000	
可提供给所有人的利润	200000	
调整后的资本净值	480000	
估价	600000	
		资金处理现金＋再分配补偿
100%价值	$600000	$120000 假定为现金制
		480000 假定为权责发生制
10%价值	60000	12000 现金
		48000 权类发生
购买		
买方支付	股份 $60000	股份 $12000
买方欠款	0	48000
利润分配		
买方的年利润	$20000	$20000
买方所得	20000	0
买方延期支付	0	20000
买方的税收@±40%	(8000)	0
买方的净利润	12000	0
买方的回收期	5年	3年,包括首付
卖方获得	$60000	股份 $12000
卖方的税收@20%	(12000)	(2400)
卖方股份净所得	48000	9600
卖方的额外补偿	0	$48000
卖方税收@±40%	0	(19200)
卖方额外补偿净所得	0	28800
卖方总净收益	$48000	$38400
抵消附加税的价值差		$15000

成为了公司的所有人，购买10%股份的买方开始有资格得到该公司股份(假设将来)利润＄200000的10%，就是＄20000，这可用来分配给原所有人。公司要开出一份这个金额的奖金支票。假设地方、州和联邦的收入所得税接近40%，则将扣除＄8000用来交税，税后剩下＄12000。如果每年税后＄12000，买方的"回收期"应该是购买价＄60000除以＄12000，即为5年，借来资金的利息或者使用他们自己资金的机会成本不计算在内。

卖方应该收到卖掉10%股份所得的＄60000并且会产生一个20%的资本收益税的债务，即为＄12000，净所得为＄48000。

税后股票购买加上补偿交换方法

现在假设为了使买方更加能够接受转让，XYZ设计公司的所有人选择通过股票转让的方式转让一部分商议好的公司价值，并且通过内部补偿交换的方法保留价值。再次查阅在本书前页的"内部转让机制"表格，它假设公司有非常相同的主要财政指标。然而，在这个例子中，假设公司以现金制订它的股票价值，为其全部应计价值的20%。查阅标题为"现金＋再分配补偿"那一栏，转让能以下面的形式进行下去。

10%的价值总共为＄60000，它的20%，就是＄12000，这就是股票的现金价值，＄48000则是超过现金价值的应计价值。

卖方销售现金制股票得到了现金——现金换现金。提供了买方10%的公司股票，他应该为他所享有的10%公司股票而支付＄12000，很明显，＄12000比以前所说的＄60000更具有可支付性。然而，因为10%股票的全部价值在那一时刻仍然是＄60000，买方会拥有卖方——私人卖方或者公司的＄48000。

成为了公司的所有人，买方有资格得到公司股份(假设将来)利润＄200000的10%，即＄20000，这可以用来分配给原所有人。然而，在这种情况下，买方应该同意预先放弃从公司得到股份的利润直到他全部支付了所购买的股份，而且也不需要因此而纳税。现在，买方的回收期，包括购买内部股票的回收期，为三年——＄60000除以每年＄20000。

卖方因为销售股票而得到＄12000，因此他会支付＄2400的

提示
卖方应该探究转让价值的所有可行方案；最明显的方法不一定就是最危险的方法。

资本收益税，税后净所得 $9600。并且，因为买方在以后的三年中，每年并不会得到 $20000 的红利收入，卖方在三年之后能得到 $48000，这些钱在扣除了收入所得税 $19200 之后，卖方会得到 $28800 的净所得，全部加起来为 $38400，和他在 $48000 的资金交易纳税之后所能得到的一样。

有一个显而易见的问题就是：为什么卖方会同意接受比商议价格要少的价值呢？有三个可能的答案：

1. 使出售更能被接受，也因此更可能完成；
2. 节省了公司不得不额外支付给买方的钱，买方将这笔钱的税后价值支付给卖方；
3. 在公司重新买回股票的情况下，节省了公司必须用税后价格买回股票所要支付的全部税费。

即使知道允许买方用税前的价格购买公司是有益于公司的（因为如果买方在税后有足够的资金去支付给卖方，卖方公司就没有必要支付一定的补偿给买方），指望卖方接受很少的价格，这是很不合理的。但可以通过增加价值解决这个问题，例如在这里增加到 $15000。通过允许买方用税前的价格大量购买公司的股票，买方仍然可以从中获益，并且如果以税后股票交易的方式全部完成转让，卖方的净利刚好等于他应该得到的。

递延补偿的方法

另外一个解决价格的不可支付性问题的方法，是在股票卖给买方之前，公司宣布推迟向卖方所有人支付应得的补偿。递延补偿的宣布在公司的账册上产生了一个债务（一项负债），而且这个债务减少了公司的价值，因而也降低了给买方的股票价格，正如例子中所示。支付给卖方所有人的递延补偿可能会超过协议的期限，通常是三到六年。

卖方所有人开始收到递延补偿的支付的时间，通常要在项目开始之后，而不是在买方付款的时候。如果买方是在拥有大量的公司股份时，才向卖方所有人支付递延补偿，那么这份补偿就用公司利润之外的部分来支付；当买方积极地参与公司运作时，补偿的大部分可能在其他方面作为红利分配给了所有人。结果是卖方停止偿还买方所拥有的递延补偿。为了避免这个结果，递延补偿经常在将来的某个时间支付，当卖方减少了对公司业务的参与，也减少了在公司的所有权股份时，同时就有资格减少定期的补偿。延期支付也可以导致卖方缴纳更低的税收，因为卖方对公司的参与越来越少，同时所挣得的收入也减少了。当然，卖方承担了更大的风险，因为递延补偿一直会推迟支付直到其对公司控制越来越少。通过在递延补偿协议中制定条款可以降低这个风险，公司必须在确定还有其他要支付和分配的款项之前支付递延补偿，例如所有人红利的支付。

案列研究：递延补偿

Frank 和 Frances 决定从 Frank 那里分出公司 10% 的所有权股份并提供给 Barbara。Frank 已经快退休了，并且他希望开始卖掉他自己的所有权股份。基于公司管理顾问的估价分析，公司被定价为 $600000，因此 10% 的股份就是 $60000（$600000×10%）。考虑到这个价格对于 Barbara 来说难以承受，顾问建议为 Frank 制定一个递延补偿计划，让股份的购买对于 Barbara 而言更具有可支付性，并且同时也以 Frank 作为一个创始人所拥有的公司股份的公平的数目奖励给 Frank。

作为所有权转让程序的一部分，递延补偿的使用能够为公司提供巨大的税收利益。和支付给创始人的不同，当公司赎回股票（是公司不可扣除的开支），递延补偿的支付是公司不可扣除的款项，并且因此降低了公司需缴税的收入。然而对于卖方而言递延补偿是需要纳税的，一般以普通收入税的税率（包括工薪税）进行征税，但是支付给卖方用来购买股票的款项是要以资本所得税的税率进行征税的。这些税收中的差价对于创始人来说差不多是 20%。为了补偿创始人失去的资本所得税，他们认识到如果以出售股票的方式处理这个问题，通过应付税在一般收入所得税率和资本所得税率之间全部或者部分的价差，递延补偿的数目常常是增长的。即使有这种增加，从税收角度来看，递延补偿仍然对公司有好处。

需要记住在考虑所有权转让机制时，通过递延补偿降低买方的支付成本，有两点特别重要。第一，递延补偿通常会晚一点，

提示
所许的运营资金=平均累计时期×每年的净收入。

在创始人/卖方已经减少了或者停止了他对公司事务的参与的时候支付。第二，递延补偿债务作为商务固定的债务通常是可支付的，并且不依赖于公司的财政收入——公司所挣得的收入。在这个递延补偿的例子中，公司未来收入的一部分将要用来支付卖方的递延补偿。

还有，每个公司需要充足的运作资金去运营公司，基本上就是将公司的应收款作为"流动"资金，就是说，要有钱去支付薪

案例研究：递延补偿（续）

Frank 的长期目标是在 10 年之内完全退休。公司的价值已经被确定为 $600000，所以公司所有权股份的 10% 就是 $60000（$600000×10%）。顾问建议公司制定一个 $480000 的递延补偿给 Frank。结果是因为递延补偿的数目已经使公司的负债增加，则公司的价值降低到 $120000（$600000－$480000）。随着公司的价值降低到 $120000，10% 的所有权股份将花去 Barbara $12000（$120000×10%）。

Barbara 将因为购买的股份 $12000 支付给了卖方（可以是公司或者是 Frank），而换来了公司 10% 的所有权股份。同时，公司也将按照跟 Frank 签署的协议在一致同意的期限之后支付给他 $480000 作为递延补偿，从现在开始，或者是在将来当他开始从公司的日常事务中退出的时候开始。

因为递延补偿将会成为 Frank 的普通收入，所以会按照普通收入所得税的税率对其进行纳税。如果 Frank 已经以全部的增值价值 $600000 卖掉他的股份，则他的所得就会按照资本收益税的税率进行纳税，这个税率现在一般低于普通收入所得税的税率。为了对 Frank 不得不缴纳的所得税进行补偿，公司将在支付给 Frank 的递延补偿数目的基础上提高 20%，接近他将增加的税收金额。因此，Frank 将收到总数为 $576000（$480000×20%＝$96000＋$480000＝$576000）的递延补偿，这个收入将作为他的普通所得进行纳税。

Frank 和公司签署了递延补偿协议，在这个协议规定下，Frank 将收到 $576000 的普通收入，通过公司的正规薪水方式在超过 5 年的时间支付给他。递延补偿协议将在 Barbara 购买之后，当 Frank 开始减少他花在公司的商务上的时间时，5 年之后开始实施。

水还有其他直接和间接的开支,为他们所购买的服务买单,并支付他们提供服务时所产生的费用。大多数设计公司几乎是用接近刚好需要的运营资金操作公司——他们既没有充足的剩余资本也不存在资金不足。如果公司因为对卖方产生债务而降低了资产净值,在它偿还了债务之后它的运营资本将减少。在这种情况下,所有人必须恢复公司的营运资金达到满足公司运作需要的水平,这可以通过资本投资、保持利润率,或者借款的方法做到。

这种类型的递延补偿声明应该有董事会的决定和适当的数据来支持它,税务当局出于税收目的,可能希望把它定性为红利分配,结果这个支付款项对公司来说就不可扣除了。

合伙企业或者有限责任公司所有人转让

有同样的财政结构的合伙企业或者有限责任公司(LLC)可能会有不同的发展。和买下并拥有公司资产净值一定比例股份的公司新股东不同,合伙企业的新合伙人和有限责任公司的新成员仅仅有权利获得他们公司一部分的未来利润。现任的合伙人/股东成员没有卖掉他们的资本(这些资本包含公司的资产净值),新合伙人/股东成员也没有买进现有的资本。然而,一个经历了所有权转让的公司将继续需要适当的资金去持续公司的运作,一般要达到这个金额必然要去筹集那些没有收回的应收款。因此,那些进入公司所有权行列的人将需要并且一般也被要求去为他们所拥有的部分股份建立资产账户。然后,就像"买方"建立他们的资本账户一样,"卖方"将能够适当地开立他们的资本账户。对不同类型公司的讨论,包括合伙企业和责任有限公司,参见第9章"选择公司的结构"。

再次查阅前述"内部转让机制"表,现在假设XYZ设计公司是一个合伙企业,有着非常相同的平均关键财政指标:净收入,$2000000;调整后的净收益,$240000;所有人可得利润,$200000;资产(资本)净值,$420000和估价$600000。

公司向候选人提供10%所有权股份,他将需要去贡献他在公司的部分现金资本,假设为$12000,这是税后金额。候选人还要推迟获得他应得的利润,去建立他的增长的资金账户。正如前面的例子，像新所有人通过延期回收利润建立他的资金账户一样，现在的合伙人也能建立他们的资金账户，直到所有合伙人的资金账户与他们在公司的所有权股份成正比。

零基准转让

提示
收益率使所有权的交易成为可能。

正如我们所看到的，所有权转让是由公司的收益率驱动的。买方有权使用利润，这允许他们能支付所购买的东西。然而当公司已经很长时间没有收益的时候，公司的所有人有时候希望所有权能够引入新的成员。在这种情况下，卖方不得不将公司经济困难情况如实传达，这有可能使预期的买方对这项交易的经济能力产生质疑。虽然除了单纯的经济回报，设计专家还有许多其他理由去拥有公司所有权，但是很少有人会毫无私心地希望进行所有权的交易，而并不企图得到一个合理的回报或者收回他们的投资。

再讲讲XYZ设计公司。设想这个公司已经好几年没有利润收入了，但是Frank和Frances仍然有兴趣将一个重要的员工，Barbara引入所有权行列。不能证明Barbara能够挣到并能支付公司提供的10%的股份，Frank和Frances不明白他们怎样才能有一个合理的转让方案。他们的管理顾问建议他们考虑所谓的"零基准转让"。

顾问建议Frank和Frances建立一个新的公司（我们将称之为新XYZ公司），Frank占45%的公司股份，Frances占45%，另外10%由Barbara所有。在差不多要组建公司的时候，XYZ设计公司会转移给新XYZ公司所需要去运转的固定资产（家具、固定设备、机械设备），按XYZ设计公司的资产负债表所示的对它们进行估价，并且从新XYZ公司获取收据。新XYZ公司随后通过一个同样数目的借贷而抵消这笔资本，产生一个为零的资产净值。考虑新XYZ公司起始价值为零，Frank和Frances不能卖掉任何有价值的东西并且也不能对之收费，Barbara也不必为购买这些而支付任何费用。Barbara开始成为持有一个没有原始价值的公司10%股份的所有人。

新XYZ公司开始运转，生意好了起来，由XYZ设计公司开始继续工作,并且可以支付薪水和运营公司必要的其他直接和间接的开支。产生了一个明显的问题:新 XYZ 公司将从哪里获得支付运营公司必要开支的这些资金呢?因为 XYZ 设计公司将继续收回它的应收款,XYZ 设计公司将借钱给新 XYZ 公司,让它有必要的资金可以开始公司的业务工作,通过公司(有前途的)成功地向前发展,XYZ 公司将偿还这些借款。Frank 和 Frances 将有优先权要求获得 XYZ 公司增长的资产净值,Barbara 将具有公司负责人的权利和职责,并且如果她顺利地帮助公司获得成功,随着公司成长和价值的增长,她也将拥有一个不断增值的资产奖励。

规划所有权转让项目

第6章

重要的考虑

一旦决定将所有权转让给公司的其他人，为了让候选人全面地理解所有人希望提供的东西（"交易"），现任所有人必须做几项决定性的"商务"决策，然后将这个意图传达给预期的候选人。没有这种对交易的了解，他们将非常可能忘记这样或那样的重要因素，最坏的情况，会提供一些后来他们发现不能交付的工作。通过回答下面的问题，现任所有人将建立一个框架，说明他们希望让候选人做到什么。

1. 转让的目的

公司是否将会这样构成：（a）作为一个工具，通过这个工具所有人能够从事他们自己的职业，同时达到他们个人的财政目标（例如，达到就像在法律公司、医药公司等公司中现有的高收入水平）；（b）作为一个集体的工具为所有人努力建立普通股本（例如，制度上的/团体的方法）。

这个问题的答案能够让买方了解，他们在付款投资之后是否能实现一个本期收益，或者利润是否将会被留在公司用来建立公司的价值，这个价值只有在股份被卖掉以后，可能更晚的时期，才会有回报。

2. 控制

所有的（新的）所有人在公司事务上会不会有一个平等的发言权？或者在"控制"团体和"参与"团体之间是否会有所不同（也就是，相对于那些仅仅只是分享公司利润而没有控制权的人，这些控制公司命运的人为公司做出关键的决策）？在小型或中型规模的公司，通常会只有一个所有人阶层。大公司有时候提供小部分的所有权股份给很多人。在后面的案例中，公司通常被一个小团体控制，他们的成员拥有公司大多数的股份。

例如，在大公司里，（通常是小型的）所有人团队拥有所有的股份，对于公司而言向那些并不想去管理公司的大多数员工提供所有权，可能会非常危险。在这种情况下，所有人可以出售公司很小部分的股份，这会导致大部分员工拥有公司全部股份非常少的部分。因为新的股东控制的那部分股份非常小，他们将不能够去影响公司的董事会选举，也不能影响董事会的重要决策。

3. 参与

谁将会被邀请进入所有权阶层，并且加入多少名？如果有一个已经由现任所有人确定的候选人，这个问题就很容易决定。然而如果公司有一个预期候选人团体，但是公司既不需要，也不能让这么多的候选人都成为所有人，则必须做艰难的决策，到底将邀请谁进入所有层，并且加入多少名。这个选择包括：（a）排除所有的人，只邀请最合格的候选人进入控制团队；（b）邀请其中的一部分进入控制团队，其他的进入参与团队，而不是具有控制权的所有人；（c）邀请他们全部进入参与团队而不是有控制权的所有人。

4. 估价

对于现任所有人在公司的利益他们认为什么价值才是公平的？这是关键的估价问题，更完整的讨论参见第 4 章和第 5 章。

5. 给卖方的支付方式

卖方想不想现在支付？或者他们愿不愿意延期到晚一点支付

或者直到退休才支付?除非在公司需要额外的运营资金,大多数所有人宁愿选择现在支付,即在解款入银行的时候支付。如果公司要扩展,却超过了自身的投资能力,要去做超出实际收入的投资;或者如果公司计划在将来收购其他的公司,都可能需要额外的资金。这两种情况都将需要比公司现在所能有的——即公司所能够提供的更多的资金,至少其中一部分要通过新所有人的资金贡献。然而,如果公司计划撤销一个或者更多的现任所有人,那么新所有人作为转让条件所提供的资金将帮助投入到这种撤销计划中:当现任所有人卖掉他们在公司的股份时,从新所有人手上流入到公司的资金将代替他们所撤回的资金。

6. 购入的方法

买方将怎样支付他们在公司所购的股份?几乎没有新所有人会有足够的个人财政资源去用现金支付他们所购买的所有权股份。新所有人可能不会有能够支持银行贷款的大量的个人财产,去投资在购买公司所有权股份上。因此,他们需要从其他途径上得到帮助。这些方法包括:(a)接受现金订金支付并且在资产负债表上说明要每年支付,并且不希望每年都得到利润;(b)如果卖方需要现金(这种情况很少发生),则让公司担保一个银行贷款;(c)其他的方法,正如本章其他地方所描述的。

7. 授权

如果买方在完全付清他们所购买的公司股份之前死亡或者撤销资金,那应该什么时候考虑"授予"买方分享公司利润或者分担公司损失的权利,并且"授予"他们所购买的公司资产的股份呢?"授权"在这里并不是指正式的经美国国税局认可的雇工保留退休金的权利(这个权利可以作为减免所得税合法手段的计划),而是指买方所享有的一部分公司利润和资金的"所有权"。

对这个所提出的问题有惟一可能的答案。关于有权使用所得利润,如果新所有人在成为所有人的时候没有被授权享有公司利润,则他们将不能挣到他们所需要的钱去支付他们购买的股份。如果他们从银行或者公司借钱,他们将没有能力偿还贷款。如果

提示
新的所有人必须能使用他们的那一份公司利润,才能够有钱支付他们在公司所购买的股份。

他们动用了自己的资金，就损失了用这些资金去赚钱的机会成本，他们将不得不"自己偿还自己"。虽然设计专家们想要拥有所有权不仅仅是因为经济原因，但是他们中几乎没有人会毫无私心地去承担所有权带来的财政和其他的风险，而得不到一个合理的经济回报。因此，所有的新所有人应该分享他们在公司的部分利润。然而，和有权使用利润不同，新所有人将只在他们已经付清款项时才拥有他们公司资金的股份。

8. 决策决定

所有权被转让给新所有人之后，他们将如何为公司做决策？想要成为所有人的设计专家们更加全面地参与到他们所工作公司的基本指示和决策过程中。这样的决策是由所有人决定的。这些进入所有权层的专家们想要参与到公司决策中，建议现任所有人允许他们这么做，因为他们自己的未来将依赖于这些新所有人对决策过程的理解和有效参与决策的能力。

合伙企业由他们的合伙人进行管理；有限公司由他们的股东选举出来的董事管理；有限责任公司由他们的"委员"（可以和股东/总监相比的法定内部人员）管理。在一些小的，只有几个股东的公司，普通事务是由所有的合伙人或者有限公司股东（他们也常常是有限公司的董事）去承担公司的管理职责，并且以一人一票的投票机制运转。一些小到中型规模的公司通过所有股东达成一致而不是通过投票来经营公司。只有当每个人都同意时决策才能通过。然而，因为卖方所有人将很可能拥有比买方所有人更多的公司股份，因此也将比他们承担更大的风险，必须要以法定文件的形式建立一个决策协议，以确保这些承担更多风险的所有人将不会因为那些只拥有少量所有权的所有人而遭受损失。例如，公司的所有权文件可以规定，除了涉及非常低的资金数目的决策可以由股东的大部分选票决定以外，一般都由获得大部分选票的董事们做公司决策。

9. 补偿

所有人的基本薪水和公司利润分配的政策会是怎样？谁将决

定这个政策？与任何其他问题相比，补偿争议最有可能引起所有人之间的纠纷。

所有人的补偿（薪水和红利）将可能由所有权团队或者由公司任命的有权做出这种决策的人来决定。因为新所有人可能会担心公司将来的行动会影响他们的补偿，卖方应该考虑建立一种机制以确保公平地处理补偿问题。一个成功的解决方案是在现任所有人和新所有人之间创造一个比率，例如现任所有人：$x\%$ ＝新所有人：$x\%-y\%$，表示新所有人的平均薪水将少于现任所有人的平均薪水。

提示

相比其他的事务而言，补偿协议是最有可能引起所有人之间的争议的。

最坏情况的案例

快到正常的退休年龄了，一家绘图设计公司的多数所有人和设计领导人聘请了一位顾问去发掘公司的所有权阶层引入两到三个主要设计师的可能性。这几位候选人作为预期的所有人已经开始承担一些项目职责，通常指派他们为负责人，并且即将承担项目的主要职责。公司进行所有权交换是充分的有利可图。在考虑交易的特殊条款中，所有人决定保留对公司的项目的设计控制权。两个领导候选人中的一个离开了公司，另外一个拒绝了交易。

---

10. 利益

有没有任何特殊的利益或者"津贴"给新所有人呢？专业公司——实际上，在任何小型到中型规模的公司——的所有人有权利对他们自己进行补偿，除了提供薪水或者接受不同类型的好处、薪水以外的津贴或者代替薪水的津贴。一般包括汽车、停车位、会员资格、出席会议，等等。资深的所有人有很大的职责去吸引客户和保持客户关系，他们可能会比其他的新所有人做更多的商务招待，特别是在转让之初，他们可能希望他们的商务花费会与新所有人们有所区分。现任所有人可以只选择给他们自己提供一般的利益，这些利益以别的方式可能会用他们自己的税后款去支付。或者现任所有人只选择提供不同程度的利益和/或津贴给不同的所有人，这也很合理。不管什么样的决策，重要的是要十分清楚新所有人有获得这些利益的权利，要避免所有人之间从察觉到不公平的对待升级到产生误解和发生争执。

第 6 章 规划所有权转让项目

11. 退股

公司将怎样处理这些问题：(a)死亡和永久残疾；(b)在什么年纪退休；(c)要不要提早退股？普遍地讲，因为死亡和残疾的原因，赎回所有权需要付全价。因为有时候会发生这种情况，有的所有人尝试去保留他们的所有权，但是他们事实上已经超过了正常的退休年纪，并且失去和市场的联系，因此阻碍了公司的发展。所有人应该考虑他们给公司带来的利益，考虑公司的需求和从所有权层退出的可能性，而不是在正常的退休年纪简单地和公司解除雇佣关系。

另一方面，公司继续发展的能力，和公司保留退休合伙人的能力，也可能因为那些在到退休年纪之前就自愿撤回对公司的所有权的所有人而受到损失。所有人应该因此考虑对主动要求撤回所有权的所有人进行适当的经济惩罚，例如，从撤回所有权开始到正常退休年纪的几年每年实施5%的罚款(参见第8章中关于一般处理这些问题的股东协议规定的讨论)。

12. 非自愿退股

什么样的机制能要求所有人退股？如果这样所有人将得到什么样的补偿？所有权团队应该不会因为缺少一个所有人而受到阻碍，这个所有人不再能满足所有权的需求或者他破坏了团队的效力。那就是说，允许或者鼓励派别之争是非常危险的。通常，要求一个所有人退股，需要全体一致通过或者绝大多数通过。被要求退股的所有人所拥有的股份通常需要全价赎回。

13. 新增的所有人

用什么样的机制来邀请新的所有人加入所有权行列？或者用来增加少数所有人的利益？用来要求所有人退股的绝大多数方法，也通常被用去邀请新的所有人加入到所有权行列或者去增强少数所有人的利益。对于小型的所有人团体而言，要求全体一致是不合理的。

关键点

重要的考虑
▶ 目标
▶ 控制
▶ 参与
▶ 估价
▶ 向卖方支付的方式
▶ 买入的方式
▶ 授权
▶ 做出决策
▶ 补偿
▶ 利益
▶ 退股
▶ 非自愿退股
▶ 新增的所有人
▶ 所有人的资格
▶ 其他：公司的名称、组织机构等等

> **最坏情况的案例**
>
> 一家中型设计公司的合伙人以合理的条款将三名重要的员工带入了所有权阶层。一年以后，其中一位创始人和公司的管理顾问进行了通话，并表示对新所有人之一非常关注，这位新所有人没有按照所期望的以领导人的水平执行他的工作。当顾问问到创始人："你有没有和他讨论过你们对他的期望呢？"创始人回答"没有。"

14. 所有人的资格

当考虑某人加入公司所有权行列时，必须要满足什么法律和标准？对所有人的期限承诺、业绩表现以及行为举止方面有什么样的要求？现任所有人通常期望新所有人能够完全成型地进入所有权，并且能够为公司的需要作出有用的贡献。毕竟，他们自己就是这么做的，不是吗？事实却是，渗透作用在化学实验室比在专业实务更有效。如果现任所有人期望新所有人具有某些行为或成绩，他们有权利也应该提出要求，但他们也应该帮助他们达到所希望的成绩。合理期望包括为公司利益的全部努力，承诺最大服务期限，为所卖出的项目作出贡献，在协议好的预算内执行项目，保留专业的证件，包括继续教育的任何需要。

15. 其他

如果有的话，在所有权的事务中还应该应用什么其他的条件？是公司的名称或者它的组织机构的改变吗？这个问题促使现任所有人去考虑那些可能看起来很自然，没有解决但是现在需要关注的问题。

第7章 所有权转让项目开始

集合队伍

发展一个成功的所有权转让项目,创始人需要一个团队去协助和推动它的发展。这个团队通常将由四个成员组成:律师、管理顾问、审计会计师(CPA),还有最重要的团队成员,现任所有人(在这个讨论中也称作"创始人"),或者如果不止一个的话,就是全部的所有人。如果可能,最好有一个在劳务公司,特别是设计公司所有权转让方面有丰富经验的专家。现任所有人作为一个团队成员积极地参与到公司操作中是非常必要的,因为他们对公司将来的期望和对公司前景的设想将带动公司的发展。

尽管团队所有的成员将协助项目的发展,某些特定的任务通常会交给专门的顾问,这依赖于顾问所拥有的特殊技能和经验水平。如果可能,最好是和过去曾经合作过的专家团队一起工作,这将确保大家对所委托任务和职责有一个清晰的理解,并且也将确保有一个和睦的工作关系。一般情况,管理顾问常常会是团队的协调者。顾问也将帮助创建人设计项目、决定估价方法并且评估候选人。

律师则至少要为所有权转让准备必要的法律文件,包括条款清单。一个在发展所有权转让项目上有丰富经验的律师也将能够

提示
所有权转让团队可以由管理顾问、律师或者审计会计师开始,这取决于现在谁和现任所有人保持着联系。

案例研究：开始程序

再来看看 XYZ 设计公司，Frank 和 Frances 已经开始评估所有权的候选人了。Andrew 自从公司组建开始就和他们在一起，并且是一个忠诚的，工作努力的项目经理。三年前 Frank 和 Frances 雇佣了 Barbara（她之前在一家大公司工作），条件是她如果完成所给的工作，就可以得到所有权。Frank 想要逐渐减少他对公司事务的积极参与，并且在 10 年之内退休。他想要开始出售一部分他的公司股份给重要的员工，但是他不知道怎样开始这个程序。

帮助公司创始人和顾问做项目设计工作。

审计会计师通常帮助准备财政决算，并帮助决定公司的价值。会计师也将协助分析转让的纳税结果并准备计划要使用的流动现金，如果需要这些工作帮助决定项目可行性的话。

预备基金

现任所有人应该在和他的团队开会之前向他们提供一定的相关信息。这个信息为团队了解公司的财政前景、现在的商务状况和法律框架提供了基础。以下的信息通常是由现任所有人整理汇总，并在他们内部会议之前的一周或两周发送到团队成员的手上：

- 过去三年到五年的财政决算和纳税申报单。
- 组织的文件。如果公司是一家合伙企业，这个文件将包括公司注册证、规章制度、现任股东名单，如果有的话，还要一份股东协议。
- 职工人员普查，包括员工在公司工作的年数，在这一行工作的年数和每年的补偿。

设计项目

一旦现任所有人确定了团队的成员并且提供给他们相关的背景信息，他将和他的团队成员开会讨论所有权转让的关键问题。有几个问题是大多数所有权转让项目都存在的。现任所有人对这些问题的回答将清晰地说明所有权转让项目的价值和目标。这个回答也将决定所有权转让项目的大量条款。大多数所有权转让项目共存的问题是：
- 为什么所有人决定去施行一个所有权转让项目？例如，计划在将来退休或者需要新一届的所有人。参见第1章"导言"中"所有权转让的必要性"一节。
- 应该怎样对公司进行估价？参见第4章。
- 这个项目中挑选候选人的标准是什么？例如，销售能力、领导能力和管理能力。参见第3章。
- 所有权从创始人到候选人的合适转让比率是多少？这需要创始人去确定三个决定性的要点：内部转让的时间；创始人愉快地放弃他们对公司控制的时间；还有他们希望从所有权控制中完全退出的时间。参见后面的"建立转让率"。
- 怎样补偿新所有人？例如，提高薪水、增加红利和提高所有人的利润。
- 新所有人将参与哪些范围的公司管理？例如，董事会成员资格、委员会成员资格和行政职责。

评价候选人

管理顾问有时将会与创始人认为有可能成为所有权潜在的候选人的那些人见面。会见的目的是提供适当的标准去帮助创始人评价这些候选人，并帮助创始人向候选人清楚地陈述所有权的职责。这个会面可以在条款清单准备好之前进行，但是在创始人和管理顾问与买方讨论条款清单时进行会更有意义。因为多方面的原因，顾问的客观评价会非常有价值。一个经验丰富的顾问能够将潜在的候选人和其他候选人在成功的项目上进行比较，并且因此评定候选人成为所有权团队一员的可能性。顾问具有一定程度的客观性，而创始人并不一定需要具有这种客观性。顾问能推荐一个或者所有的可能的候选人，他们都是很好的选择，或者建议说没有一个候选人是合格的。在以后的例子中，所有人可以选择在公司外部寻找可能的候选人，或者在公司内部确定并发展较好的候选人。

案例研究：从哪里开始

再来看看 XYZ 设计公司。Frank 和 Frances 从在专业设计公司的所有权转让项目中有丰富经验的管理顾问那里得到了建议，研究了他们引入新所有人的目的。他们确定 Andrew 和 Barbara 为优秀的所有权候选人，并且向他们提供了关于公司和公司的员工的实际信息，还有公司最近几年的财政决算。

这个管理顾问被选为 XYZ 设计公司的所有权转让团队的成员，他与 Frank 和 Frances 进行了会面，了解了公司的管理和运营情况，他们的目标和他们对于所有权转让的担心，还有他们对于 Andrew 和 Barbara 的优点和缺点的看法。随后他分别会见了这两位候选人，抛开所有人的印象对他们进行了评估，并且估计了他们对成为公司所有人的兴趣。

在分析了会谈结果之后，顾问的意见是，Andrew，那个从一开始就在公司工作的员工，满足于继续做项目经理，并且尽管他在公司工作了很长时间，但是并不渴望拥有公司的所有权。相反，Barbara 具有企业家的见解和智慧，并且渴望成为所有人。

建立转让率

卖方所有人需要决定允许候选人购买公司所有权的比率。这有时候是指买进率。所有人卖给候选人的股份的比率就叫做*卖出率*。有几个因素是在决定项目的转让率时需要考虑的。因为公司将要在卖出率和买进率之间创造一个平衡点，决定买进率的出发点就是创始人希望卖出他们所拥有股份的比率。为了决定卖出率，卖方应该首先决定他们希望在今后多少年内能继续参与公司的运营。一旦做出决定，卖出或者撤销的股份比率就能计算出来。例如，如果所有人决定他们想用超过 10 年的时间平稳地减少他们对公司操作的参与，那么公司就有 10 年的时间去确定候选人，并且将股份卖给这位即将接替所有人的候选人。

有时候所有人想要保留对公司的控制，直到他们退休。可以理解，对于公司而言这并不是什么好主意，因为这会减慢新所有人领导权的发展进程。当到达出售阶段的中间时期时，卖方也应该转让对公司的控制权，并且应该适当地确定新所有人在公司的领导地位。如果卖方决定保留控制权一直到退休，则在创始人退休之前，下一届所有人就要准备承担他们的领导角色。这是至关重要的，可以确保公司不会遭受因为所有人的离开而引起领导层的空缺所造成的损失。

决定转让率的另外一个重要因素是，公司想让任何一个候选人所拥有最大数目所有权的股份是多少。在所有权转让之前，现任所有人拥有100%的公司股份。有一种情况，公司只有一个所有人，则这个创始人拥有公司所有的股份，如果有两个所有人，则股份将由这两个所有人平分或者以其他的比例分配。新的候选人被带入公司成为所有人，过了一段时间，当这些候选人已经完全付清了他们所购买的股份时，公司的目标通常就是让所有的候选人拥有相等数量的股份。例如，如果一个公司有6位所有人，则每一位所有人将拥有六分之一的发行股。

尽管没有精确的方法决定任何一个候选人最多能得到多少所有权，但是起始点通常是评估一个公司可以支持多少个所有人。决定公司能够支持多少个所有人的指导原则，就是实际上公司的新所有人必须比他们曾经作为非所有人时要得到更高的补偿。这意味着公司既要以他们现有的业务水平达到更高的利润，又要扩展他们的业务去创造更多的收入用来分配。如果没有更高的利润，创始人就需要将他们收入的一大部分分给新的所有人。

从经验上来讲，一般在公司里每7到11个员工可以支持一个所有人，准确人数取决于公司的收益率。例如，一个25人的公司可以支持两到三个所有人。正如上面所述，最后的答案在于公司补偿所有人的能力，使所有人得到比作为非所有人时更多的补偿。当然，如果在公司规模和员工人数上进行扩展，则就能支持更多的所有人。例如，如果公司由25个员工增加到35个员工，用同样的经验，每7到11个员工有一个所有人，这种情况就可能支持3到5个所有人。

一旦确定好所有人的最多人数，我们假设目标是让所有的所有人基本上拥有相等的公司股份，任何一个所有人的全部所有权百分比就能很容易地决定。例如，决定一个公司能支持5个所有人，则每个所有人所能拥有的最大数目的股份就是20%。

解释

放弃控制权

所有人应该在他完全退休之前就放弃对公司的控制。理想状况是当他在出售股份的那个时间阶段的中间时期退出。让候选人确信他们对公司运作的参与是有意义的，使新所有人能够学会在没有所有人的指导之下领导和管理公司，并且能使新所有人作为公司的领导人建立他们自己的领导风格。

提示

从经验上来讲，一般在公司里每7到11个员工可以支持一个所有人。

提示

一般，提供给候选人的最小股份份额是 5%。少了可能就没有什么明显的意义，多了可能就不能向其他人提供额外的股份了。

解释

这里所描述的文件一般用在有限公司，如果这个公司是合伙企业或者是有限责任公司，则合伙协议或者有限公司运作协议可能会另外包含一些条款，这些条款在股东协议和相关的公司文件中也能找到。

提示

使用条款清单是有好处的，因为它避免了花在项目文件上的时间和金钱，直到确定了他或她所拥有的股份数量。

在上面的例子中，卖方所有人建立了一个 10 年的卖出率，并且任何一个所有人所拥有的公司股份的最大限额为 20%，随后公司需要决定多长时间以后候选人就能买进这些股份。通常最初给候选人提供的股份会很有意义，但是并不过分。初始提供的股份的最小份额至少是 5%，即使成功的项目也都是从 1% 开始，在未来的交易中，公司可以提供给 5% 或更多的股份，直到达到了他们所期望的最大股份份额。另外，提供股份的时间最好间隔至少两年。这将使公司有一个合理的时间去观察和评估新所有人的成绩，以确定是否值得给他们再增加所有权。同样，如果新所有人在超过间隔期时还在购买股份，明智的做法就是，等待他们完成一轮购买然后再提供额外的增量股份并开始另一轮的支付。

很少有这种情况，卖方的卖出率将基于一个直线基准。比如，不可能所有的候选人都会被确定为新所有人，并且在项目一开始的时候就提供给他们所有权。另外，一些新所有人可能并没有达到所期望的成绩，其结果就是将不再给他们提供额外的股份，或者在他们离开公司之前将他们的股份购回。然而，只要公司建立了如上所述的指导原则，公司就可以朝着一个目标发展，根据在转让过程中的实际结果，这个目标可以不断地调整。

决定协议条款

最好在一个文件中对由卖方决定的条款进行总结，这个文件通常称作"条款清单"。在一个或者一系列的会议中，所有权转让团队将讨论上面讲过的问题，并寻找可供选择的解决方法，创始人也将确定他们的关系和利益。一旦问题被解决，团队将建议把项目的特殊条款交给候选人。律师将随后准备一份条款清单（有时候称作谅解协议或者提议书），上面写入了意见一致的条款。与其说这份条款清单是打算用来作为合法的法定文件，不如说这是创始人提供给候选人的项目基本条款。条款清单很适合用来准备所有的初始项目文件，因为创始人可以在花费大量时间和金钱长期发展所有权项目之前，用条款清单彻底检查候选人对转让究竟有多大兴趣，条款清单也适用于准备这个项目的最后法律文件。

解释：条款清单

通常条款清单包含以下的条款：
- 所有权的百分比，和在有限公司中提供给每一个候选人的相应的股份数量，都将包括在项目的第一阶段提供的最初股份数量，和对随后的几年所提供的股票份额的预估（但不是保证书）。
- 确定卖方。卖方将是公司或者是创始人。
- 确定买方。在条款清单中，候选人将被确定为买方。
- 提供给买方的股票购买价格。购买价格通常基于公司的总价值，是所提供的所有权股份的百分比加权之后的值。
- 购买股票的支付条款。买方可以一次性支付或者在一段时间分期付款。
- 如果有的话，买方在公司的头衔和职位。
- 买方的补偿，包括基本薪水、红利和所有人的任何其他好处。
- 候选人对公司管理的参与。

提出条款清单

创始人和他们的管理顾问通常亲自参加对候选人提出条款清单的会议，以确定候选人是否对所提出条款的项目有兴趣。在对候选人提出条款清单之后，鼓励候选人和他们自己的财政顾问和法律顾问开会讨论这些转让条款，并决定是否参与这个所有权转让项目。卖方所有人将要求候选人在一段合理的时间内（通常是在前述会议后的几周内），陈述他们对项目的兴趣。

为项目提供文件

在候选人表现出参与所有权转让项目的兴趣之后，律师将为项目准备必要的法律文件。这些文件通常包括以下几点（在第8章将对这几点详细讨论）：
- 事务备忘录。展现关于公司和公司业务的所有具体信息，这些具体信息包括公司的历史、结构和当前的运营情况。
- 股票支付协议。股票支付协议是股票的卖方（公司的创始人）和股票买方之间的合同。

- *担保本票和担保协议*。如果股票超过了一段时间才被支付，本票证明买方有义务偿还股票，并且买方将反过来抵押他们的股票给卖方，以确保他们会履行义务。如果买方用现金购买股票，就没有必要具备担保本票和担保协议。
- *股东协议*。这是公司所有人(创始人和新所有人们)之间的协议，公司想要将公司所有权保留在积极参与公司业务的成员团体中。这个协议包含了股票转让的限制并描述了引发履行义务的事件，或者由公司和其他所有人所做出的买回股份的选择，在购回股票时给股票定价的方法，还有所购回股份的支付条款。股东协议也可以包含其他的条款，例如在关键问题上的投票权利，还有对前任股东在股票被购回之后竞争行为的限制。
- *保障协议*。如果是一个有限公司，建议所有的股东参与制定一个保障协议，由此每一个股东同意自己有责任按比例分担公司的义务，由其他的股东亲自担保。

向候选人展示项目文件

一旦律师准备好项目文件，卖方所有人和团队的其他成员就会审查这些文件并且建议做必要的修改。这份项目文件将在和创始人还有团队其他成员的会议中展示给候选人。会议上，他们深度讨论了项目情况并重新审核了文件。候选人可以向所有人和团队其他成员询问有关项目的问题。随后候选人将有一段合理的时间，通常是三个星期到一个月，让他们自己的法律和财经顾问复查项目文件，并且可以提供任何有关文件的意见以供所有人参考。在卖方所有人和候选人同意文件的结构和内容之后，文件执行，股票被发行或者转让，买方支付所购买股票或者进行首付，并且为余额签署期票，所有权转让项目的第一个阶段是完整的。在随后的几年，创始人、新所有人们，也可能是其他的候选人，可能同意购买和出售公司所有的额外的股份，可以使用相同的文件。

使用上面所述的程序，展开所有权转让项目的时间和结束第一轮所有权支付的时间通常为 3 到 6 个月。这要假设全部当事人

提示

一个所有权转让项目通常要花 3 到 6 个月的时间。

完全合作。为什么项目的开展要花较长的时间？有好几个原因：卖方所有人对团队成员做出错误的反应；候选人要求对文件做更多的修订；或者创始人和候选人之间的谈判受阻。任何或者全部的这些原因都可以延长项目期限。在有些情况下，会有超过一年的时间去发展并结束第一轮所有权转让。

下一步

在候选人购买他们最初的股份并且完成了项目的最初阶段之后，所有人和他们的团队应该每一年或者两年再访项目。这取决于提议转让的比率。要花时间对新所有人作为公司的领导人和所有人的成绩进行评价，并且创始人要决定是否提供机会给新所有人，让他们参与到将来的交易中。因此，有一个好的办法就是让所有权转让发生的时期最少以两年的倍数为一个间隔。如果候选人超时购买他们所有的股份，最好让他们在进行下一轮支付之前完成前一轮所有权的支付。

提示

所有权转让会有一系列的事务处理，建议最好是间隔几年的时间。

为所有权转让项目提供证明

第 8 章

关键点

所有权转让项目所需文件：
- ▶ 条款清单
- ▶ 事务备忘录
- ▶ 股票购买协议
- ▶ 担保本票
- ▶ 担保协议
- ▶ 股东协议
- ▶ 保障协议
- ▶ 递延补偿协议
- ▶ 雇佣协议
- ▶ 公司的财政决算
- ▶ 公司的组织文件。这些文件一般会用在有限公司中。如果公司是合伙企业。

正如在第 7 章所提到的，有几个文件是公司的律师必须准备的，要用它们去为所有权转让项目提供证明。许多项目都用到了事务备忘录、股票购买协议、担保本票、担保协议和股东协议。有些情况下，转让项目还会用到保障协议、递延补偿协议和雇佣协议。本章我们将详细讨论这些文件。

这里所给的文件描述假设公司是作为一个有限公司来运作的，但是同样的规则也可应用于合伙企业或者是有限责任公司。对合伙企业和有限责任公司的项目文件的简单讨论，参见本章结尾的"除了有限公司以外其他组织的所有权转让文件：合伙企业和有限责任公司"；对于不同类型公司的优点和缺点的讨论，参见第 9 章，"选择公司的结构"。

事务备忘录

提供一个事务备忘录，向预期的买方展示关于公司和公司商务的所有具体信息。具体信息是谨慎的投资者在对公司进行投资之前想要知道的信息。那就是，可以导致潜在的投资者改变投资决定的信息。

在所有权转让程序中。当创始人或者公司将股份卖给新所有人时，有限公司的所有权扩大了。所有股票的销售都由联邦（美国政府）和州法律调节股票的报价并出售。这些法律的目的是逼过或者有限责任公司，则合伙协议或者有限公司操作协议所包含的一些条款，在股东协议和一些保障协议中也能找到。

揭露所有的具体信息保护买方的权益，这些信息就是谨慎的投资者在购买之前想要知道的关于公司发行股票的信息。

大的公营公司需要在美国证券和外汇委员会（SEC）去注册登记他们的股票，但是大多数设计公司是由公司主要的专家员工私人所有的。这些私人所有（也称私人拥有）公司通常不需要在SEC注册登记他们的股票，但是仍然必须按照某些联邦和州的要求进行报价并销售公司股票，包括需要向预期的买方充分说明关于公司的财务方面的具体信息。

不管公司有没有一个现成的股东去销售股票，建议使用一个披露提供股票的公司具体信息的方法，这个方法就是准备一个事务备忘录（也称作直接销售债券备忘录，简称PPM）。事务备忘录和上市贸易公司的计划书很相似。事务备忘录展示了关于公司的具体信息，它的法律和财政结构，还有它的商务和管理，并且对公司投资的风险给予了否认或者警告。所有这些因素在下面都描述得非常全面。一般事务备忘录将附带展示希望候选人签署与股票购买相关的所有文件（参见本书前页的关键点"所有权转让项目所需文件"）。

事务备忘录必要吗？

法律并不要求因为销售股票而准备事务备忘录。有些创始人可能感觉没有必要向候选人提供他所工作的公司的业务详细信息，

事务备忘录的一般主题

- ▶ 交易的描述——公司的名称或者股票的卖方、交易股份的数目和价格计算
- ▶ 公司的历史背景
- ▶ 商务、客户、市场的描述
- ▶ 财政信息
- ▶ 公司的详细债务清单
- ▶ 声明和诉讼，保险责任范围
- ▶ 有关当事人对创始人或者他们的家庭与会员和公司之间的处理
- ▶ 现在运行的公司交易中所含有的风险因素
- ▶ 描述股票购买协议、担保本票、担保协议、保障协议，还有购买者需要签署的其他任何协议
- ▶ 股东的任务、职责、利益、补偿和头衔的其他信息

因为候选人可能会非常了解他所在的公司。然而，强烈推荐要准备并配备事务备忘录，以确保有关正在发行股票的公司的所有信息都已经传达给了候选人，是因为两个原因：首先，能提高候选人的能力，使他们对投资的时间和金额做出明智和理性的决策；其次，能保护正在发行股票的公司（也保护创始人，如果创始人正在将股票销售给候选人的话），否则日后他们会索取被扣留的具体信息。因此，事务备忘录是证明已经将其中披露的内容透露给买方的论据。

事务备忘录中包含什么样的信息？

事务备忘录描述了一个公司的历史、结构、商务情况和公司的操作等信息。虽然不可能去创造"一种规格适合所有的情况"的形式，仍然有几个基本的信息的主题和类型可以应用于几乎所有的情况(参见本书前页的"事务备忘录的一般主题")。

事务备忘录应该呈现公司和它的商务收支一个和谐的景象，传达公司的实际信息，而不是作为一个销售文件去鼓励买方购买股票。事务备忘录中包含的警告语言和否定语气可能对于候选人来说，听起来令人气馁并且甚至令人担忧，但是这个文件的目的是去传递所有的具体信息，不管是好的和坏的，赞成的和警告的，以便候选人对于购买股票能够做出明智的选择。

准备事务备忘录需要做些什么？

事务备忘录的内容多种多样、范围宽广，要花费很多时间和精力去收集信息并且起草和修改内容，这取决于公司的历史、财政结构和运营状况的综合情况。指派公司内部的一个人去协调信息的收集并将信息传达给律师将会很有帮助，律师将负责编辑并准备事务备忘录的最终版本。

在准备事务备忘录时公司在其中起什么样的作用？

在收集有关公司的历史、法律结构和文件、财政事务、商务状况和操作描述，以及其他的信息并将它们传达给律师时，公司将起到决定性的作用。一个律师，不管多么熟悉公司的商务情况，都要依赖公司为事务备忘录提供所有相关的信息。那个被指定提供信息的人，要协调公司内部的反映，并回应律师对详细说明和额外信息而提出的需求。他应该对公司内部的商务和权力有充分的了解，以便能够提供最好的信息和联系。这个指定的人可以是总裁、总裁助理、首席财务主任、公司秘书，或者公司内部任何有广博知识和关系的人。

股票购买协议

在一个所有权转让项目中，所提供的股份可以上市或者既可以被公司，也可以被公司现任的股东（通常是公司的创始人）卖掉。不管确定卖方是谁，都应该准备一份股票购买协议去处理事务。股票购买协议是一份合同。通过这份合同。卖方受契约约束要将股票卖给买方，并且买方也受契约约束要向卖方支付所购买的股票，这些都要按照股票购买协议中所陈述的条款和条件去执行。如果是分期付款，股票购买协议具体说明了所销售股票的份额数目、购买价格和付款期限。一份股票购买协议也包括买方的陈述，确认他有资格购买股票并且承认股票销售存在的约束性（参见下面的"股票购买协议的主要条款"）。

股票购买协议是一份重要的协议，因为它解释了购买股票的事实和情况。然而，股票购买协议通常并不包括为他们将来的股东同事管理客户关系的条款。这些条款在接下来要讨论的股东协议中可以找到。

股票购买协议的主要条款

- 买方和卖方的姓名
- 协议的日期
- 发行股票的公司名称
- 所提供的和出售的股票的等级（普通股或者优先股）和份额数量
- 购买股票和销售股票的协议
- 每股的价格
- 要支付的总价格
- 买方要说明的：
  - 买方用其自己的账户购买股票，并且不是以再出售为目的。
  - 依照适用的证券法，这个销售是免除登记的。

- ◆ 任何以后的销售或者转让都要遵守适用的证券法。
  - ◆ 买方要分担股票投资中的全部损失。
  - ◆ 买方有权利使用公司的商务和财政信息。
  - ◆ 买方同意受股东协议的约束。
- ▶ 卖方要说明的：
  - ◆ 这个股票是不受任何阻碍和留置权牵连的。
- ▶ 争议解决
- ▶ 在争议中，律师的费用由胜出的一方支付
- ▶ 受法律控制的和其他允许的条款
- ▶ 配偶同意

担保本票

在一个所有权转让项目中，买方购买的股票可以用现金支付，也可以采取分期付款的方式。如果采用分期付款的方式，买方将要签署一份担保本票，将用已经购买的股票作为抵押，确保以后支付的执行。担保本票是一个付款的承诺。如果没有按照承诺付款，出借人可以拿走借用人的一部分财产作为对债务的补偿。在这种情况下，这份被拿走的财产就是已经购买了的股票。借用人曾同意使用或者抵押这份财产作为间接的债务"担保"。这里没有严格的规定，买方通常用超过一到三年的时间支付所购买的股票。一旦股票款项付清，公司会把取消的本票交付给买方。

担保本票的主要条款

- ▶ 卖方的姓名（谁是出借人）和买方的姓名（谁是借用人）
- ▶ 本票的日期
- ▶ 借用人对出借人的支付承诺
- ▶ 所借的本金数目
- ▶ 偿还利息
- ▶ 如果利息可以调整，多长时间调整一次和调整多少
- ▶ 什么时候偿还
- ▶ 先偿还利息，再偿还本金的申请
- ▶ 延期偿还的惩罚

- ▶ 不偿还的惩罚
- ▶ 不履行职责的事项，包括没有偿还
- ▶ 强迫执行支付所需要的律师费
- ▶ 不履行职责的弃权通知
- ▶ 参考公司的股份作为债务担保
- ▶ 受法律控制的和其他允许的条款
- ▶ 配偶同意

担保协议

担保协议是一份合同，通过这份合同如果借用人没有按照承诺偿还债务的话，借用人同意放弃他的部分财产给出借人。出借人通常持有保障债务的财产，或者卖方和买方可以同意第三方持有这份财产直到债务被付清，或者，如果债务没有付清，就一直到出借人要求拥有这份财产（参见下页"担保协议的主要条款"）。

案例研究

问题：候选人将怎样支付股票？

Barbara 收到公司提供给她的 10％所有权（价值 $60000）的条款清单。她很想购买这些股份，但是她发现一次性支付 $60000 的价格超出了她的支付能力。公司愿意允许 Barbara 在三年之内分期支付她的股票。应该怎样做出这个交易文件？如果 Barbara 违约没有偿还股份，公司能采取什么样的保护措施？

解决方案

公司的律师准备了一份事务备忘录和所有权转让项目所需要的文件草稿。在和她自己的律师看完文件之后，Barbara 签署了股票支付协议，这份协议为股份的购买提供文件证明，并且规定了 $60000 的股票购买价格。在她签署股票支付协议时支付了三分之一的现金，即 $20000。她还签署了一份担保本票，剩余所欠的本金数目，即 $40000，以商议好的利息，在两年内用公司预期支付的奖金定期偿还。另外，Barbara 签署了一份担保协议，如果她没有按照担保本票支付她应该支付的数目，则卖方（既是 Frank 也是公司）有权收回股份。

在一个所有权转让项目中，股票通常是通过对股票本身的抵押担保的本票来支付。如果买方没有完全付清股票，则卖方可以收回股票去偿还债务。股票的卖方通常会持有股票直到买方付清股票款。因为付清了全款，卖方将股票交付给买方，并且这股票也不再遵守保障协议的规定。

担保协议的主要条款

- 买方和卖方的姓名
- 持有股票的中立方的姓名（除非由卖方持有股票）
- 协议日期
- 股票担保证明（有多少股份，发行公司的名称）
- 买方给卖方的担保抵押
- 持有股份的中立方的职责
- 没有按照担保本票执行的情况下，卖方要求担保的程序
- 买方对卖方的要求提出反对的程序
- 买方和卖方对持有股票的中立方的保障
- 如果中立方退出，指定新的中立方的方法
- 受法律控制的和其他允许的条款
- 配偶同意

股东协议

如果一个所有人死亡，成为残疾，辞职，被解雇，或者退休将会怎样？这些问题的答案可以在股东协议中找到。股东协议为所有权转让建立了"退出策略"。这是所有人之间的协议，是为了将公司的所有权保留在积极地参与到公司商务的有限的员工团体中。股东协议通过对职权范围的限制保护了职工所有权，其中，如果发生所有权的转让，则要求所有人将他们的所有权股份出售给公司或者公司内其他的所有人。尽管股东协议并不是法律规定的，但是还是强烈推荐使用它。因为股东协议提供一个框架，用这个框架就可以在公司的所有权发生转让时防止股份外流，保持最低程度的股份分散。依照程序，全部的所有人要在引起转让事件之前对协议达成一致。

在没有股东协议的情况下，如果一个所有人死亡，他的所有权股份通常会传给他的继承人，他们随后成为公司的所有人，并且受国家对无许可证的所有人拥有设计公司所有权的法律约束。如果一个所有人成为残疾并且不能够再为公司工作，则在没有投

东协议的情况下，没有一个机制规定要转让他们的所有权股份。同样，如果一位员工所有人离开或者退休，在没有股东协议的情况下，这位前任员工没有义务出售他的所有权股份，并可以保留公司所有人的身份，甚至在之后他们受雇于竞争对手公司也一样。有一种情况可能更加困难，如果一个所有人恶劣的行为导致了某种原因的终止雇佣，不能强迫他们卖掉在公司的所有权股份，除非有一个有效的股东协议。

案例研究

问题：当股东离开时要做些什么？

在 Barbara 购买了公司 10% 的所有权股份之后，Frank 和 Frances 雇佣了在竞争公司工作的 Charlie。在这个过程中，Charlie 也成为了拥有公司 10% 的所有权股份的股东，并且 Frank 和 Frances 考虑提供给 Barbara 和 Charlie 每人额外的公司 10% 的所有权股份。

不幸的是，因为健康问题，Charlie 在成为公司股东五年之后被迫辞职，并且认为是股东协议中所说的"残疾"情况。那么 Charlie 该怎么办？

现在应该很明显，股东协议是所有权转让项目的一个非常重要的部分。协议的特性一定是由每一个公司个体决定的。接下来是一些主要问题的总结，这些问题是股东协议中典型处理的问题（参见本书第 94 页的"股东协议的主要条款"）。为了使所提到的问题简单化，在这个讨论中假设是一个有限公司，并且转让的利益就是公司的股份。如果公司是合伙企业，或者是有限责任公司(LLC)，以下讨论的股东条款会包含在合伙企业协议或者是 LLC 操作协议中。

1. 转让限制

股东协议典型的首要问题是：如果股东想要出售他的股票将会怎样？一个股东可能想要出售部分的股票给其他公司的股东，给一个非所有人的公司雇员，或者给一个没有所有权股份的公司外部的第三方。确定当事人将股份出售给谁对于其他的股东而言有至关重要的利益关系，因为他们可能不希望与不是由他们挑选出来的人共同工作。在有些州，完全禁止出售股票是不合法的，为了处理这个问题，股东协议一般规定在股东可以出售任何他自己的股份之前,他必须首先要将出售的股份提供给公司或其他的股东。

而股东协议的规定中,股票必须出售。条款一般规定,第一个购买股票的机会是给公司的;只要公司有足够的资金,就可以购买所有或者部分股票。如果公司没有购买股份,则出售股份的股东必须要将这些股份提供给其他的股东。没有被公司和其他股东购买的任何股份都可以由卖方决定将它卖给谁,这个条款几乎等同于将股份提供给了公司。因为购买了这些股份,买方必须签署股东协议。

公司和其他股东必须购买股份所要花费的时间根据公司之间的不同而变化很大,这取决于多种因素,包括为了购买股份去筹集资金的必要时间。通常,股份的购买必须在2到6个月之内发生。尽管所有人想要限制股份的转让,有些股东协议还是允许股东为了产业规划的目的,将他们的股份转让给一个信托公司,倘若这个信托公司同意接受股东协议条款的限制,就可以不按照上面所述的转让限制去做。

2. 必然事件的股份购买

股东协议最重要的特征,就是它确定了一些特殊的事件。在发生这些事件的情况下,协议即要求也允许公司或股东去购买另一个股东的股份。

这个购买事件可以概括地为分为两类:个人的困难(死亡、残疾和破产)和雇佣的终止(自愿的和非自愿的)。

3. 死亡情况下的股份购买

没有股东协议,已故的股东所拥有的股票当场按照死者的意愿或者根据法律规定转成他或她的固定资产,已故股东的继承人成为公司的股东。如果有一份有效的股东协议,协议规定可以改变这种结果,通过要求或者允许公司或现任的股东从已故股东不动产中购买他的股份。

当股东死亡,为什么现任的股东和已故股东的继承人,都会希望由现任的股东去购买已故股东的股份?有几个原因:通过购买股份,(1)并没有强迫现任的股东和已故股东的继承人一起商议管理公司;(2)已故股东的不动产具有了股票的流动特性。(3)公司保留了灵活

提示
股东协议最重要的目的就是确定哪些事件可以要求或者允许公司或股东去购买另一个股东的股份。

提示
有些事件通常会引发公司或其他股东购买一位股东的股份:死亡、完全残疾、破产和终止雇佣。

性，出售额外的股票给新所有人，因为股东的死亡，公司可能需要他们的服务。

案例研究

解决：当股东离开时要做些什么？

Charlie，一位相对比较新的股东，因为残疾的原因离开了公司。按照股东协议，要求公司，随后是其他的股东购买 Charlie 的股份，并且 Charlie 也有义务将股份卖给他们。股东协议中表述了一个计算公式，按照这个公式来决定股票的价格，并且规定将此金额支付给 Charlie。根据公司最近几年的年终财政决算，按照股东协议中的公式计算股票的价值。公司使用可以用到的任何购买的残疾保险，按照股东协议的支付条款支付给 Charlie。

4. 完全残疾情况下的股份购买

想像一下，一位所有人因为疾病或者受伤的原因完全残疾，并且股东们之间没有关于这种残疾对公司产生的结果的协议。没有股东协议，一个完全残疾的股东仍然是公司所有人，尽管事实是他已经不能为公司服务了。这个残疾的股东不能强迫公司和股东们购买他在公司的股份，公司和股东们也不能强迫这个残疾的股东卖掉他所拥有的股份。这样的情况对各方来讲都很困难，因为一位在任股东的完全残疾使公司和其他股东们损失了他为公司提供的服务，也使残疾的股东失去了收入来源。

为残疾了的股东提供流动性资产，并且允许公司出售额外的股份给新所有人，股东协议通常要求公司或其他的股东去购买完全残疾股东的股份。另外，和股东死亡的情况一样，这可以是一个可选择性购买股份的事件。

提示

公司购买的人寿和残疾保险，有时候可以用来购买死亡或者完全残疾的股东的股份。

5. 死亡或完全残疾情况下的基金购买

许多国家的法律要求有限公司要接受一定程度的财政偿付能力测试，为了使公司有能力购买(或者赎回)它自己的股份。通常一个公司，特别是一个新的公司，将没有能力满足这样的测试。甚至如果没有这样的测试，有限公司可能没有充足的资本去购买股份。如果法律规定公司和公司的股东要强制性地购买已故或者完全残疾股东的股份，

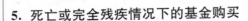

可是公司可能没有能力去购买这份股份，则必须由其他的股东购买，但是他们也可能没有能力去履行这个财政义务。为了避免这个问题，公司通常会购买人寿和残疾全保险。公司一般会有保险政策，支付保险费，并且需要使用公司的收益去购买已故或者残疾股东的股份。保险可能会非常昂贵，特别是残疾全保险，而且有些股东可能是不可予以保险的。因为这个原因，一些公司选择在股东协议中制定的购回条款是可选择的，而不是强制性的。随着时间的流逝，公司的价值发生改变，需要保险的数目也将年年不同并且应该定期复查。

6. 破产和终止雇佣情况下的股份购买

通常公司和公司其他的股东可以选择去购买破产股东的股份。这种购买的基本理论就是，一个遭受严重财政困难的人，是没有能力去承担包括所有权在内的财政风险的。同样，破产情况下也是，如果事先没有出售股份的契约协议，股份可能会被破产管理人卖给公司外部的人。

如果一个股东自愿辞职或者被解雇，他的股份通常要按照股东协议而被重新购回，以避免与股东和受公司雇佣的人关系紧张。如果雇佣终止是"有原因的"（例如，严重的玩忽职守，不诚实，或者犯罪），股东协议可以规定以低价去购买这些股东的股份。

7. 婚姻关系取消情况下的股份购买

如果一位股东的婚姻关系取消了，法院可以判给这个股东的前任配偶部分或者全部的公司股份作为部分安置费。这可能会带来问题，例如前任配偶随即成为了这位股东所工作公司的股东。为了避免这种不确定的结果，股东协议通常需要离婚的股东去购买（并且他或她的配偶去出售）前任配偶在公司的股份。另外，如果股东没有这么做，股东协议将授权给公司或其他的股东去购买前任配偶的股份。为确保遵照这些程序，在执行股东协议的时候，每一个股东的配偶必须同意这些条款，并在协议条款上签字（参见本书第97页的"为什么有些项目文件需要配偶同意？"）。

8. 股票估价

股东协议依照条款制定了所购买股票的估价方法和购买价

提示

股东协议应该规定，在婚姻解除时，一方配偶将需要购买判给他或她的前任配偶的任何股份，以便前任配偶不会作为公司的股东而参与公司的工作。

格。几乎在所有的情况，在股东协议中的估价方法，和在公司内部候选人购买股票的时候用来制定支付价格的估价方法一样。尽管估价的方法通常是一样的，但是每一次公司估价的结果都会不同，因为股票购买的价格基于公司在那个时候的财政条件，由当时的出资情况决定。每个公司估价方法有很大的不同，并且每个公司都有独特的方法。通常，按照公司的财政声明规定，估价首先由公司的账面价值开始；做出某些调整以达到最终的估价，例如扣除不可收回的账目和在股东的死亡或者残疾事件中公司所要支付的保险费。在第4章对估价方法有更加全面的描述。创始人应该在早些筹备发展所有权转让项目的时候，和公司的会计师一起讨论估价方法。

股东协议的主要条款

- 股东的姓名
- 协议的日期
- 自愿出售或者转让股份的限制
- 公司的股东发生了以下任何一种情况，公司和其他的股东有权购买这个股东的股份
  - 死亡
  - 残疾
  - 退休
  - 终止雇佣
  - 股东的破产
- 在离婚的情况下，股东需要购买判决给其前任配偶的股份
- 股票的估价以决定购回的价格
- 购回股份的支付条款
- 每年可支付给去世的股东的数额的限制
- 支付给去世股东的优先权
- 限制股东在离开公司之后煽动公司的客户和员工
- 如果公司被出售，多数股东和少数股东之间的协调：少数服从多数
- 机密性
- 需要投票决定是否增加股东人数、发行更多的股票，和修改或者终止协议
- 争议解决方法
- 受法律控制的和其他允许的条款
- 配偶同意

保障协议

保障协议是公司所有人之间的一个风险分担协议。它的主要目标是，确保如果其中任何一位股东有义务因为公司的债务而付款给第三方，则其他的所有人将按照预期分配的比例，将他们所要分担的数目偿还给这个股东。保障协议也通常使股东有义务为公司的债务签署个人保证书。通过这么做，所有人提高了公司的信贷价值。贷款方，例如银行、房东和设备出租人通常需要从所有人那里得到这样的个人保证书。因此，除了风险分担之外，保障协议也增强了公司的信贷能力。

案例研究

问题：股东之间怎样分担风险？

Frank 和 Frances 卖掉公司的股份好几年了，并且在 Barbara 购买他们在公司的股份之前，他们已经制定了一个 $200000 的贷款限额给公司使用。银行要求 Frank 和 Frances 亲自担保这笔信贷限额。

几年前，Barbara 成为拥有公司 10% 股份的股东，并且在股东 Charlie 因残疾而离开之后，这笔信贷的未用余额为 $100000。随后经济进入了一个周期性下跌，公司没有能力偿还这笔贷款。于是银行取消了这笔信贷限额，银行找到作为担保人的 Frank 和 Frances，要求他们支付 $100000 的贷款未用余额。Frank 和 Frances 每人 $50000。

Frank 和 Frances 拥有公司 90% 的股份，Barbara 拥有 10% 的股份。Frank 和 Frances 是否应该因为他们亲自担保就要承担 100% 数目的职责呢？

在上面所研究的案例中，创始人不能要求其他所有人为他们所支付的数目进行偿还，除非存在一个有效的保障协议。因为这个原因，全部的所有人都应该在他们购买公司股份的时候签署一个保障协议。有些候选人只有很小数量的股份，可能觉得不应该要求他们签署公司的个人保证义务书。为了适应这个观点，有些公司规定拥有少于一定比例股份的股东没有义务签署有利于公司贷款方的个人保证书；然而，贷款方要求按照保证书付款的时候，应该要求所有的股东同意彼此赔偿。

第 8 章　为所有权转让项目提供证明

案例研究

解决：股东之间怎样分担风险？

在 Barbara 购买公司 10% 的所有权股份时，她也和 Frank 和 Frances 签署了一份保障协议。按照保障协议规定，如果公司董事会要求股东为公司的债务做担保，例如一个信贷限额，如果担保人随后按照他的担保偿还了贷款，则股东们都要彼此相互补偿，以使他们每个人支付的担保比例和他们所拥有的所有权股份比例相等。因此，Barbara 就要支付给 Frank 和 Frances 他们支付给银行的信贷限额余额的 10% 的数目，即 \$10000(\$100000×10% = \$10000)。Barbara 必须支付 Frank 和 Frances 每人 \$5000。

递延补偿协议

在第 5 章，我们讲述了一个可以降低公司价值的方法，并且通过使用递延补偿使股票的购买价格更具有可支付性。大多数公司在递延补偿协议中都说明了这项公司义务。协议就公司方面而言制定了一项条款，规定超过指定的时间就要支付一定金额给创始人(参见下面的"递延补偿协议的主要条款")。

递延补偿协议的主要条款

- ▶ 当事人的姓名
- ▶ 递延补偿的数目
- ▶ 支付期限
- ▶ 利息率
- ▶ 开始支付的日期

雇佣协议

雇佣协议陈述了控制公司雇佣问题的条款，例如薪水和津贴，头衔，有时候还有雇佣条款。雇佣协议是可选择的，但是如果公司和新所有人签订了雇佣协议，包括分享红利、股票选择转让、功绩目标的条款，那么除了一般的条款外，在股东要离开公司的情况下，还要签署详细的禁止劝诱和禁止竞争等条款。

雇佣协议中条款种类不同、范围宽广，并且在当事人之间经常相互商讨。尽管如果新所有人离开的话，协议允许所有人适当地限制离开的新所有人，不让他们与公司竞争，例如劝诱、煽动公司的客户或者员工，但是法院一般不会强迫规定完全限制个人去从事他的职业(参见下面的"雇佣协议的主要条款")。

雇佣协议的主要条款

- ▶ 公司的名称和雇员的姓名
- ▶ 雇佣条款
- ▶ 职位、头衔、义务和职责
- ▶ 业绩目标
- ▶ 补偿和利益，包括红利和其他权利
- ▶ 终止雇佣和终止雇佣对红利和其他权利的影响
- ▶ 终止雇佣之后禁止劝诱和禁止竞争
- ▶ 机密性
- ▶ 受法律控制的和其他允许的条款

为什么有些项目文件需要配偶同意？

有些为项目准备的文件可能需要买方配偶同意。这些文件就是股东协议和保障协议。

有两个原因需要配偶同意这些文件。第一，有些州，例如加利福尼亚州，是"夫妻共有财产"的州。在夫妻共有财产的州，任何所得财产通过婚姻都会变成夫妻的共同财产。这意味着买方在所有权转让项目中获得的股份会变成婚姻财产。为确保这些股份受这些协议支配，就要获得配偶的同意。第二，获得配偶的同意，使项目的操作变得容易。例如，如果股东离开公司，股东协议通常会要求股东将他或她的股份卖回给公司或其他的股东。如果这个股东的配偶声明拥有这些股份——例如，因为离婚行为——公司和股东会不得不在一个可能非常困难的处境下和离婚的配偶进行商议。通过预先获得配偶的同意，这种商议就可以避免。

除了有限公司以外其他组织的所有权转让文件：合伙企业和有限责任公司

　　上面的这些讨论，我们假设进行所有权转让项目的公司是一个有限公司。如果是合伙企业或者是有限责任公司，在为所有权转让项目所准备的文件中就有一些不同。正如上面所解释的，如果买方购买了一个有限责任公司的股份，那他将参与到股东协议和保障协议中。对于合伙企业或者有限责任公司，就没有单独的协议；而是合伙企业协议或者有限责任公司操作协议，这些协议将包括在股东协议（例如限制所有权股份的转让）和保障协议所包含的同样的条款中。在所有的公司，买方应接受事务备忘录并且签订购买条款去购买所有权股份。对于不同公司优点和缺点的讨论，参见第9章，"选择公司的结构"。

选择公司的结构

第 9 章

　　许多专业劳务公司像独资经营公司一样操作；或者开始的时候像。在一个独资经营公司，一个人拥有全部的资产，并且没有创立法定的分开的部门做公司业务。对于所有人人数超过一人的公司，可以用四个法定实体中的一种形式将公司组织起来：合伙企业，普通有限公司，专业有限公司（PC），或者有限责任公司（LLC）。所有人想要尝试所有权转让，他就应该了解这些不同的法律结构的优点和缺点，因为最初问题之一就是要询问当前的公司结构是否适合转让项目。

　　在开始所有权转让项目之前，所有人应该和他们的法律顾问和管理顾问一起，评估现有的公司结构是否适合所有权转让，或者是否可以建议将公司进行改组成为一个新的公司结构。每一个州都有自己的法律，公司按照这些法律进行组织和操作，所以公司所在州的法律顾问应该考虑那个州的特殊法律要求。也应该考虑到公司运作所在的其他州的法律情况。在下面的内容中我们将讨论多种公司结构。

公司的类型和描述

公司形式	所有人称谓	所有权股份称谓	组织文件	所有人的个人职责	税收结果
独资经营公司	所有人	—	—	无限的	收入/损失分流到所有人
普通有限公司或者专业有限公司	股东	股份	公司注册证；公司章程	有限的	公司对它的收入纳税；股东对他的奖金纳税。有限公司可以选择作为S型公司，以使收入/亏损分流到股东
合伙企业	合伙人	合伙人利益	合伙企业协议	无限的（普通合伙企业）	收入/亏损分流到合伙人
有限责任公司（LLC）	成员	成员资格利益（也称为单位或股份）	公司注册证；公司操作协议	有限的	收入/亏损分流到成员

合伙企业

一个合伙企业最少由两个人管理，他们是公司的所有人。合伙企业可能是一般的合伙企业，也可能是有限合伙企业，但是由于下面所讨论的因素，作为合伙企业运营的专业劳务公司，通常是普通的合伙企业而不是有限合伙企业。这一节将重点讨论普通合伙企业。

在普通合伙企业，每个所有人是普通合伙人，并且必须最少有两名普通合伙人，尽管可能会有更多。一个普通合伙人为了公司的利益可以签署合同、借钱，并且为了合伙企业的利益招致其他的债务，而不需要其他合伙人的同意，只要这个债务在合伙企业的商务范围之内。除了某些例外，普通合伙人对合伙企业的债务和义务具有无限的责任，即使他没有亲自批准这项义务也一样。

在许多情况下，合伙企业作为一个法律实体，同它的合伙人是有区别的。例如一个合伙企业可以控告和被控告，并且可以以合伙企业的名义拥有财产。债权人可以起诉合伙人占有合伙公司的利益，而不仅是占有合伙公司的资产。

所有人责任

普通合伙人对合伙企业的债务和义务具有无限的个人责任，除了某些例外。普通合伙人也要对他自己的职业行为和失职行为负责任，那些其他的一般合伙人也一样，包括项目的债务和对国家管理设计行业的规章的违反。

管理和控制

普通合伙人依照合伙企业协议对一个普通合伙企业进行管理和控制。必须认真地选择普通合伙人，因为每一个普通合伙人都对公司的利益承担义务。对于这个公司，所有的合伙人都负有个人责任。

形成和维护

组成一个普通合伙企业很少需要有合法的正式手续。由所有的合伙人签署的普通合伙企业协议，陈述了合伙企业的条款，包括合伙人之间收益和亏损的分配。一个普通合伙企业协议可以是口头的，但是强烈建议将这些协议用书面形式表达，证明合伙人们已经同意这些条款。

因为合伙协议指导着合伙企业所有方面的运作方式，包括合伙人之间收益和亏损的分配，所以起草合适的协议要花费大量的时间和精力。一旦协议完成，维持普通合伙企业的花费是很小的；这些花费包括向国家或州名义上的申请，还有准备向美国国税局和州税务当局申请的合伙企业的纳税申报单的费用。

税收的各个方面

普通合伙企业并不是由它自己支付收入税；而是，收益和亏损一直分流到每一个合伙人身上，并且填报进每一个合伙人的纳税申报表中，在合伙人之间很灵活地分派收益和亏损。

为什么不是有限合伙企业

有限合伙企业有一个或者更多的普通合伙人，正如上面所讨论的，像普通合伙企业的普通合伙人一样，每个合伙人都有同样的职责和权利。另外，有限合伙企业有一个或者更多的有限合伙人，他们的职责因为他们在公司的投资资金的数目而受到限制。

有限合伙企业可能不是专业性劳务公司的一个合适形式，因为不允许有限的合伙人去参与到公司的管理中。因此，作为一个有限合伙人的专家将会被排除在公司管理层之外，或者为了参与公司的管理，要对公司的债务承担无限的个人责任，并且像一个普通合伙人一样承担对合伙企业的义务。

其他的组织结构，例如普通有限公司、专业有限公司，或者有限责任公司(LLC)，这些公司形式将在下面讨论，它们既允许合伙人参与到公司的管理中来，也保护他们不用对公司债务承担个人责任，因此对于专业劳务公司来讲，它们是很合适的公司形式。

普通有限公司

普通有限公司是由它的股东所有的公司，并且是从这些股东分离的法律个体。在有些州，允许有限公司可以只有一个股东，但是通常一个有限公司可以拥有无限数量的股东。股东选出董事会为有限公司制定规章制度，并且由董事们任命管理人员（例如总经理和财务主管）去监督每天的商务运作。

所有人作为股东，并不直接参与公司的管理。但是在有限公司形式的专业劳务公司，股东们的职务通常是总经理和财务主管。

所有人职责

股东，是有限公司的所有人，只要有限公司遵守规章制度并且股东不会利用公司进行欺诈，为了扩展他们在公司的个人投资，他们要亲自对公司的债务和义务负责。如果法院发现一个或更多以下的因素出现在他们中间，股东就要开始对公司的债务负责：有限公司存在投资不足；公司资产被当作个人资产使用或者与个人资产混淆；理事会或者股东不合适地批准公司的行动。

股东作为公司的董事或者管理人员也要对他们的不道德行为担负个人职责。股东也应该为他们自己的职业行为和失职承担个人责任，包括对州法律关于项目的债务和管理设计专家的规章的违反；然而，他们一般不会因为其他股东的行为和失职承担个人责任，除非他们参与到管理或者设计一个项目中。

管理和控制

所有人或者股东们选举出一个董事会为有限公司制定规章制度，并且由董事们任命管理人员（例如总经理和财务主管）去满足法律的要求并且监督公司的日常运作。股东们有权利投票决定关系公司生存的某些重大事件，例如合并或者清算。然而，在一般情况下，董事会和管理人员也有责任对公司进行监督和管理，并且在执行公司的管理时要加倍小心。一个拥有有限公司大部分股份的股东可以通过他们的股东投票选出董事并且批准公司的某些行动。在只有很少股东的公司，股东通常是理事会成员并且是公司的管理人员。

形成和维护

组建有限公司必须准备的第一份文件是公司登记执照（在一些州称作公司条例或章程），它与州规章和有限公司的规章制度一起编入档案。组建一个有限公司可以使用标准的文件，因为许多公司的管理制度是由州立法制定的。特别是对于合伙企业和有限责任公司，它们的合伙协议和操作协议通常更多的是公开商议，因此比公司的组建文件更容易准备。

公司的正式手续必须注意避免对股东的不利条件。这些正式手续中包括维持足够的公司资本，主持董事和股东们的年会，还有保留某些由董事会或者股东们决定公司行动的详细的授权文件。另外，公司的纳税申报单必须被列入档案，并且每年都要将公司在所属州的档案进行整理。因此认为，有限公司比合伙企业或者有限责任公司更容易维护。

有限公司的存在可以有一个规定的终止日期，或者永久存在。因为一个股东的死亡或者离开,这个股东所拥有的股份将转让给他的继承人,除非这个股东在股东协议中同意公司和其他的股东有权购买他的股份。

税收的各个方面

有限公司通常作为一个从它的股东分离的法人实体进行缴税,并且基于净收入缴纳税款。有限公司当作红利分配给它的股东的任何资金或者财产,都被作为股东的个人收入遭受到了第二层税收。这种"双重税收"是公司组建的主要缺点之一。

为了避免这种双重税收,有限公司可以选择在美国税收编码为S(也称作S型企业)的章节以下缴纳税收。如果一个有限公司选择成为一个S型企业,就只在股东水平上征税,但是公司全部的净收入不管有没有分配给股东,都是应该征税的。公司想要选择S型企业状态也受到很多方面的能力限制。例如,公司必须有有限数量的股东,并且只有一种类型的股份,而且它的股东不能是不在当地居住的外国人。

大多数专业劳务公司希望当前就将净收入分配给所有人,而不是把收入累计起来或者进行再投资。对于那些想要当时就分配净收入的公司来说,一个税收流动型的公司例如合伙企业、有限责任公司,或者S型企业,这些公司形式更可取,因为如果组建一个有限公司的时候,用来被作为分配的净收入,不会有发生第二重税收的可能性。然而,使用普通的有限公司(称作C型企业),则在公司水平的税收是可以减少或者消除的,因为收入是作为薪水、红利,或者其他合理的补偿分配给股东/员工的,可以作为相对公司收入的开支而降低。

专业有限公司

专业有限公司(PC)是有限公司的一种特殊类型,也必须遵守州法律关于某些行业的规定。在许多州,专业劳务公司(通常由建筑师、工程师、律师、会计师和卫生防疫专家建立)只能组成为专业有限公司。在一些州,专业劳务公司既可以组成为专业有限公司,也可以组成为普通有限公司。

通常，创建专业有限公司的惟一目的就是提供专业性服务，因此大部分甚至有时候全部的股份必须在行业中得到许可。州法律可能对专业有限公司有其他的限制，例如，指定所有的管理人员和董事们必须是得到许可证的专家，还有专业有限公司要怎么命名。应该请教公司运营所在的州的法律顾问决定采取哪些适用的法律。

有限责任公司

有限责任公司（LLC）是从它被称作成员的所有人分离出来的法律实体。成员在有限责任公司拥有以单位计算的或者按成员人数计算的公司股份。依照州法律，有限责任公司可以有一个成员，或者最少需要两个成员。有限责任公司可以由部分或者全部成员来管理，或者可以由一个不属于有限责任公司成员的员工/经理来管理。有限责任公司是一种相对比较新的公司形式，它将普通合伙企业管理的灵活性和税收优势与有限责任公司的责任保护结合起来。

有些州不允许专业劳务公司作为有限责任公司来运作，但是允许它们可以作为有限责任合伙企业（LLPs）来运作。这方面的问题应该咨询公司注册所在的州和公司运营所在的州的法律顾问。

所有人责任

作为有限公司所有人成员，只要有限责任公司遵守了某些正式手续，并且公司的成员没有利用公司进行欺骗，就只有在扩大他们对公司的个人投资的时候，才对有限责任公司的债务和契约要承担个人职责。一个同时作为公司管理成员的所有人也要对他们在这个职位上的不道德行为负个人责任。成员也应该为他们自己的职业行为和失职承担个人职责，包括违反州法律关于项目的债务和管理设计专家的规章。

管理和控制

在有限责任公司，公司成员在决定怎样管理公司的问题上具有很大的灵活性，并且也要在操作协议中阐明他们的目的。操作协议可以是口头的，但是强烈建议以书面形式表达，以便作为已经获得成员同意的条款证明。拥有公司大部分股份的成员或者成员们一般将会控制这个有限责任公司。有限责任公司可以由部分或者它的全部成员来管理，或者可以由一个不属于有限责任公司成员的经理来管理。有限责任公司的管理结构应该在有限公司操作协议中特别阐明。

形成和维护

有限责任公司可以通过向州申请公司注册证而成立。主要的管理文件是操作协议，它和普通合伙企业协议相似，在其他的事项之中还阐述了有限责任公司的管理和成员之间利润和亏损的分配。每一个有限责任公司操作协议的起草必须考虑成员和有限责任公司的特别需要。因为有限责任公司在管理和操作结构中的灵活性，通常在起草操作协议上要花费大量的时间和精力，特别是对于组成一个有限公司而言。一旦完成组织步骤，维护有限责任公司的花费将会很少；这些花费包括向国家或州名义上的申请，还有准备向美国国税局和州税务当局申请的有限责任公司的纳税申报单的费用。

税收的各个方面

有限责任公司具有合伙企业的税收优势并承担有限公司的有限责任。有限责任公司允许将税收转移到公司所有人或成员而不用对公司缴税。因为大多数专业劳务公司希望当前就分配净收入给所有人们，而不是累计和再投资，有限责任公司的税收流动型很适合于这样的公司。

发展在公司的领导权

第10章

在第 3 章即使没有描述全部的所有权标准,也描述了一些处理领导权的所有权标准。通过这个我们打算做什么呢?

什么是领导人?

领导人有远见——这种远见使他们能够清晰地了解公司的实际情况,并且知道他们现在到底处在一个什么样的状况;这远见使他们知道他们将来大概想要达到一个什么样的目标;他们能够正确地了解他们自己和其他的公司,并且知道怎样去动用资源——首先是人——去达到将来的目标。

可以杰出地完成专业工作而不需要其他人帮助的领导人,和能够动员整个组织的领导人之间的根本差别,就是鼓励其他人行动起来朝目标发展的能力。大部分人都相信存在纯粹的领导人,那些典型地被认为是依靠自身的技能和天分而工作的人,还有那些被认为要对所完成的项目独自承担责任的人。许多所谓的纯粹领导人创建了他们的公司并把公司塑造成他们所想像的样子。这是和现有的组织相矛盾的,当他们从公司外部插入一个纯粹的领导人到公司,通常发现在新领导和现在的团队达到共同的目标之前,需要对公司做一个全面的整改。

很少有人能了解到领导人承上启下的作用,他们在现在的组织中进步、发展。这些领导人有种特别的能力,能在这种特殊的组织环境中起带头作用。这些了解前后领导关系的人意识到在已经建立起来的团队中，领导权并不是一个孤独的角色。

实际上，领导权是一系列分离的但又内部关联的职能：
- ▶ 创造公司明天的目标；
- ▶ 看到现在和将来目标之间的差距；
- ▶ 知道怎样让外界提供成功的要素；
- ▶ 注意公司内部人员的需要；
- ▶ 提供专业技术的能力；
- ▶ 有效地组织个人和团队；
- ▶ 奖励那些最需要奖励的。

那些杰出地做到一个或者更多的这些职能的人，我们称之为领导人。实际上，公司要有一个优秀的领导层，才能要做好以上的大多数职能。公司必须不仅把注意力集中在产生领导人上，还要集中在培养领导能力上。在许多专业设计公司中，都有这种类型的领导人，他们创建了这个公司并且杰出地完成了一个或者更多的领导任务，但是他们不一定就是下一届最好的领导人。总的来说，最好的继承人通常都有能力提供全方面的领导，和创始人一样或者比他们做得更好，但是同时每一方面的领导都不是那么优秀。在考虑领导权和所有权之间的关系和领导权对所有权的重要性时，特别是对下一届所有权，提高下一届领导人全面的领导能力，这是一个挑战，公司将需要这种领导能力继续生存和繁荣。要承认这个挑战实际就是成功地发展领导权的第一步，将使所有权的转让获得成功。

领导人需要什么样的特征？*
集中注意力

有效率的领导人在和别人交流时，应将注意力集中在那些正在与他们进行沟通的人们身上。他们"聚焦"在所讨论的问题的

---

* 这些特征的讨论是以 Marshall Sashkin 博士的工作为基础，并且摘录自 Marshall Sashkin 所著的《有远见的领导》（The Visionary Leader），1995 年版。得到出版商的允许再次出版，HRD Press，Amherst（阿默斯特），MA，(800)822-2801，www.hrdpress.com。

关键点，并且帮助其他人清楚地看到这个问题。他们对于所讨论问题的相关重要性或者优先性非常地清楚，注意力只集中在最重要的某个问题上。控制个人注意力和引导他人注意力的能力证明了他是否懂得聚焦。

沟通

领导人很大程度地提高了沟通技巧，并且因此能够有效地进行沟通。他们使大家能够理解他所传递的信息的含义，甚至如果这意味着即使要用一种新奇的方法，也要确保他们的观点能够被理解。他们注意并且了解他们自己的或者别人的感觉，因为感觉是有远见的领导人信息的重要部分。

信任

领导人要让人感觉可以信赖。他们自愿身处于一个开放的位置，避免在这个位置上"观点突然大转变"，并且对所做的承诺坚持到底，证明了他们是值得信赖的。领导人的行为说明了他是坚定不移的和可以信赖的，并且因此而相信他们会实现他们的承诺。

尊敬

有效率的领导人始终如一并且持续不断地表达他对其他人和他们的感受的关注，也关心他自己的感觉。这个因素就是卡尔·罗杰斯（Carl Rogers）称作对自己和他人的"无条件的积极关注"。其实，这个感觉也是领导人对怎样在现在和将来适应这个团队的感觉。

风险

有效率的领导人深深地投入到他们所做的事情中。他们不会花费多余的时间和精力去计划防止失败。他们愿意去面对风险，但并不是无计划、无目的，而是在认真地评估失败或者成功的可能性之后大胆地面对它。他们所有的精力则投入到那些能够确保成功的行动上。因此，他们所面对的风险根本已经算不上是风险了，因为这些领导人非常自信，为了让他们认为可能的事情变成事实，他们能够做所需要做的事情。换句话说，有效率的领导人正视那些实现他们目标的风险。最后，有效率的领导人创造风险——实际上是挑战机遇——其他人可以参与其中，这样他们能一起实现领导人的目标。

底线

有效率的领导人有一个基本的自信感——实质上就是相信他们与众不同并对人和事、对组织的成就产生影响。也就是说，他们相信能影响团队的结果、底线和成果。他们知道人跟人是不一样的，并且他们相信他们个人就能创造这种差别。

授权

领导人非常需要权力和威望，这并不令人吃惊。但是有效率、有远见的领导人想要得到权力和威望，因为他们知道通过权力和威望，事情就可以有组织地进行。他们认识到这样的权力和威望必须被广泛地分享，而不是只被少数几个高层领导人使用。在有效率的团队，每个人都感觉他有很大的影响力，特别是在工作上，每个人都有个人职责。有效率、有远见的领导人使用权力去授权给其他人，这些人则随后使用他们得到的权力和影响力去执行领导人的目标。

长期目标

有远见的领导人能长时间地清晰思考，最少几年。他们的目标和在发展道路上的特殊目的，不是清单上列出的短期要做的事情，而是他们要长期创造的公司状态。他们知道哪些行动开始在正确的轨道上运行；他们能清楚地向其他人解释他们的长期目标（至少是基本的轮廓）；他们明白考虑到他们团队的其他因素，他们的计划怎样才能得到扩展；并且他们能想像怎样才能超越他们现在的目标并计划使他们的目标得以发展。

组织技巧

所有的团队必须处理公司的变革，完成目标，协调团队成员的活动，以及维持系统稳定等等的事情。这些措施检验了领导人对这些问题产生的积极影响的程度,帮助团队去更有效地适应发展变化,达到目标,使小组内部和小组之间的成员能更有效地一起工作,并且保持浓烈地分享价值和信任的氛围。在有远见的领导人的工作范围内,他们帮助改善组织的机能,因此为他们的目标奠定了基础。

文化

通过由团队成员创造的分享价值和信任的氛围来确定团队的文化。有些价值和信任比其他人去支持有效的机能和领导人的目标更有可能实现。领导人必须发展并灌输这些将增强团队的机能的价值观念——适应能力,完成目标,团队合作和保持团队文化——并且在同时帮助建立并支持领导人的目标。

调查问卷

Marshall Sashkin 博士创造了一个自我评分的领导人行为调查问卷,它描述了那些正在寻找或者被考虑成为领导人的特征。转换成问题的形式,它们包括:候选人是不是……

- 非常关注其他人说些什么?
- 能够清晰地交流?
- 表现他或她对别人的关心?
- 考虑怎样发展一个特殊的行动计划,让全体团队都受益?
- 帮助团队完成它的目标?
- 用具体的证据鼓励其他人去支持他的观点和立场?
- 即使是用不一般的方法,也要让别人清楚他的观点?
- 对委托的事情坚持到底?
- 接受面对的风险?
- 对优先顺序有一个清晰的感觉?
- 承认其他人的长处和贡献?
- 找到方法让其他人也投入到新主意和新项目中去?
- 帮助其他人了解什么是重要的?
- 像交流观点一样交流感觉?
- 能从错误中学习?
- 能够清晰地理解复杂的观点?
- 致力于团队在适应变化、达到目标、调节个人和团队的工作活动方面有效地运作?

领导权发展的程序

放开革新

在现存团队中的领导权发展需要个人和团队的改变。将这两个分开考虑并且假设那些被创始人看作具有潜力去领导团队的人能够脱离团队而接受训练,这就限制了他因为个人或者团队而发生改变的可能性。一个团队现在没有提高所有未来领导人的能力,如果想要成功地产生新一代领导人,就一定需要发生改变。现任领导人不能想当然地期望每一件事情都会像它一直以来的状况一样一成不变,然后就像变魔术一样,把未来的领导人变出来。

那些现在并没有努力实现他们的潜力的人也必须改变了,如果他们要想成为成功的团队领导人的话。这些人可能是优秀的技术型领导人,他们所拥有的技能使他们在项目中或者在个人角色中获得成功,这和那些能够使他们自己领导整个公司上下层的人不同。领导权的发展程序开始了,当现在和未来的领导人们达成一致,他们双方必须改变并且他们都能理解到,要改变他们的团队必须要允许下一届成为公司的领导人。

区别

这一步通常是最困难的一步,就是决定谁将被选出作为未来团队的领导群体来发展。这意味着现在和下一届的领导人都必须在所有的同事中做出艰难的选择。他们必须在全部人员中指定一小组最有发展潜力的人。在最初,这需要和那些没有被选中的人做真诚的交谈。这个步骤不能省略。如果不可避免地要说"发展每一个人并且以后真正的领导人就将出现",就应该推迟说这样的话,减少发生刻意发展某人的可能性。那种指定未来可能的团队领导人,就算已经由现任领导层内部决定,也一定要放到桌面上公开让大家都知道。这迫使现在的领导人去进行必要的谈话。这是领导权发展最初步骤中的一步。

插入支持团队

为了能够成功地组织领导权的发展,这个过程必须是全体性质的。这需要帮助那些被选中的人,让他们把自己看作是一个团队,这个团队既可以是一个做普通任务的目标小组,也可以是给予并接受其他人帮助的个人,如果他们要完成他们的目标的话。将这些经过挑选的作为未来领导人的人们构造成一个相互支持的团队,然后把这个团队安插到正在运行的公司机构中,以保证领导权的发展并没有将这些精英分离出去,而是完全地在公司进行过渡,并且由公司通过委员会提供支持。

发展训练

一旦清晰地建立领导权发展的环境,就可以通过解决一系列公司的问题而完成实际的训练。在通过需要领导能力的模拟练习的过程中,受训练的人尝试去解决这些挑战团队的问题。角色扮演和模拟可以为真正的公司在发展的期间创造动力。模拟训练的题目应该是完成小的团队任务,需要受训人对不同的目标进行实验,并观察在成功的领导小组里谁最能满足他所扮演的角色的需要。参与者也应该收到对他们风格和行为的个人反馈。度过了发展周期的进程,模拟难题训练就应该接近结束了,一直到团队开始处理实际的公司问题。

也可以选择让练习领导能力的受训人去解决真正的公司问题,和假设的模拟环境(只要这些是风险相对比较低的情况)相反,他们从公司认可的领导人那里受到高度的指导,并且允许他们失败而不用受到个人惩罚。很多公司的高层领导人曾经说过,带领他们的发展成为成功的领导人最重要的因素,是由他们的上级给予了他们在非紧要的情况下可以失败的机会。

综合干涉

现任公司领导人应该每隔一定的时间就要开发展会议。他们要做的就是去观察受训人所扮演的角色(不论是模拟小组还是现实问题），并且评估他们处理问题的方法。应该鼓励现在的领导人表现出真实的自我，并且通过表达他们对所观察到的认为好的和不好的看法，毫不隐瞒地做出反应。通过这个步骤，就为现任或者未来的领导人在发展训练结束之后公司的日常生活中，成为综合性的领导人而打下了基础。

结论和再循环

在最适宜的团队，领导能力的提高是一个持续不断的过程，随着本来很少的正式训练的日益增多，在普通的团队活动中，未来可能的领导人的领导能力得到了综合性的提高。领导能力发展过程的最后正式训练应该是撤掉所有的参与者——现任和潜在的领导人——探究在公司能采取什么样的更大的变革和方法，以保证领导人从其中得到更多内在的发展。

在 Herman Miller 公司的前任 CEO，Max DePree 所著的《领导是一门艺术》（Leadship Is an Art）这本书中写道，现任领导人全靠团队才能有一个清晰的价值陈述。他们需要去确定谁是未来的领导人，提高他们的能力，并且培养他们。他们要感谢团队给了他们一个关于人们在团队中会是什么样的角色的参考点。正如在自尊感、归属感、期待感、责任感、义务感、平等感中所表现出的，他们有欠成熟。他们要感谢团队的合理意见。领导人有义务提供动力并且保持动力，这动力来自对公司应该是什么样子的清晰的目标，来自为完成这个目标而想出的好策略，还来自认真地构思，传达方向和能使每一个人参与进去并对完成那些目标公然负有责任的计划。

提示

更多的信息，可以阅读《领导是一门艺术》这本书。Max DePree 著，Doubleday 出版社，纽约，1987年。

领导和管理

说"为什么"比说"怎么样"更能描述领导和管理之间本质的区别。领导和管理是不一样的。有效的领导人了解管理和管理问题，不管他们有没有像经理那样具有管理职责。它们之间重要的区别显示在下面题目为"领导人和管理者的特征"的表格中。

领导人和管理者的特征

特征	领导人	管理者
特征	有想像力；沟通的能力；准备承担风险；愿意使用权力去影响其他人的思想和行动	坚持；坚强；有思想；具有分析能力；忍受力；有信誉
目标态度	有个人的、积极的目标；成型的观念；寻求改变人们思想的方法，关于什么是值得要的，什么是可能的，或者什么是必要的	有源于组织必要的非个人的目标；与观点相对应
工作观点	创造兴奋；开发解决长期问题的新方法；寻求改问题公开化；将设计的想法极为形象地表达，激励人们并且继而开发出多种选择，以实现设计想法	阐明策略；做决策；管理冲突；磋商；议价；折中；平衡；限制选择
和其他人的关系	直觉的，感性的，热情的，关心什么样的事情和决策对人们有意义；关心怎样完成事情	喜欢和别人一起工作；对他们投入很少的感情；导向的作用
自我感觉	分离的感觉，在组织中工作，但是从没真正身入其中	参与者；归属感

届模式

所有权的特征从具有较多主办人到有很少主办人以一个重复的模式发生了独特的变化。公司的主办创始人希望他们自己周围都是那些将要支持他们的人，而不是那些要和他们竞争的人，支持他们的目标并努力完成它。下一届参与者，他们坚持对上一届的工作进行补充而不是加倍上一届的力度。下面"届特征"表格举例说明了第一、二、三届领导人的典型特征。

届特征

特征	届		
	第一	第二	第三
主办人	是	否	是
风险态度	高	低	高
商务发展态度	得到项目	做项目	得到并且做项目
技术重点	概念上的	执行的	概念上的
领导风格	转换的	处理的	转换的
目标焦点	长期	短期	长期
耐性程度	低	高	低

如果公司在实践中继续发展，它可以引入一个第三届专家，这很可能实质上得不到什么支持，并且他们和创始人很相似。这一代主办人可能认为这些在第二届的人好像阻止自己提升到公司管理层。所有人必须意识到目标是公司成功的全部，甚至如果成功需要将初级的企业专家提升到高级，也要更多地支持那个人。甚至早在第二届时，他们作为所有人可能很好，他们既具有第二届的特征，也有力地表现出了第三届的特征。公司进行的发展路径越远，这种事情发生得就越频繁。

第11章 为将来的转让作准备

为什么要为将来的转让作准备？

将来某些类型的转让是不可避免的，即使公司的所有人不能预测转让的具体性质。除了清算之外，对于任何类型的转让，如果所有人开始为这个转让做计划，甚至是在他们着手正式的转让项目之前才开始做，成功转让的可能性也可能大大地增强。因为成功转让首先需要的是要有一个有能力成功运营公司的候选人，确定谁作为候选人应该由转让计划的性质决定，并且随后积极主动地发展那些有这样潜力的候选人。相反的，公司的所有人可以开始以一种能提高潜在的候选人的能力和技巧的方法训练他们（而不是主动地发展他们），如果他们成功了，他们将会被确定为预期的所有人。

早日开始

没有理由一直等到将来某个确定或者不确定的时间才去做这些事情：和公司的员工谈谈他们的事业；传达关于公司的战略目标，包括所有权的信息；或者确定那些有潜力提高自己的能力从而帮助公司持续繁荣的员工，并且随后对他们进行培训。无论目标候选人最后有没有提高那些可以使他们成为将来可能的所有人的特征和能力，受到所有人的关注只会鼓励他们的专业进步，将使他们成为更好的员工。

提示

怎么准备
- 早日开始;
- 不断招募新人;
- 例行公事分享信息;
- 明智的指定和委派;
- 提供反馈并建立职责;
- 按照惯例交流兴趣和意图;
- 不断地指导。

实际上,教育和培训下一届专家的原则是和一个重要的性质相一致的,这个性质把专家从其他的人中区分出来:他们有职责进行教育和培训,并且通常为下一届领导人做准备,甚至包括他们的未来竞争者,因为除了专家以外没有人具备做这些事情所必需的知识和经验。应在每一个机会都认真地执行这些基本的职责,不只是当所有权转让即将来临的时候,不仅要增强公司发展业务的能力,还要增强现有的可以考虑作为将来所有人的候选人的可能性。

不断招募新人

招募并不一定意味着雇佣。大多数公司只在他们需要增加人员的时候才招募——通常,是去满足一个特殊的新项目的人员需要。不断地招募新人能使公司与市场的改变保持同步,包括在相关的教育、经验、能力、品质和所有层次的人员成本等方面。如果公司积极地管理员工——就是说,用高执行力度的员工取代低执行力度的员工,就能够做到这些。如果公司没有积极地管理员工,则当职位空缺时,公司就要增加员工,补充空缺。公司也更能够去做出决策,除了那些满足特殊项目职责的必要的品质之外。关于预期的员工是否表现出了他的能力,这种能力对所有权(最后的)考虑非常必要。

例行公事分享信息

所有人应该例行公事地和员工沟通关于公司的信息,特别是和那些他们认为是所有权的预期候选人。因为并非一开始就能够显而易见地知道候选人会是谁,特别是如果所有人的计划开始得早,他们想要和预期的候选人沟通可能只有先和每一个人沟通。

应该沟通什么?关于应该分享的信息类型和范围,有两个广泛的根本不同的态度。一个极端的看法是"需要去知道的"哲理,就是说只提供那些员工在他们工作中需要的信息。在项目层次,有些公司以这种观点行事,根本就没有提供什么信息,或者提供的信息非常少,基本上阻止了员工得到可以使他们更有效率地工作的信息。另一个极端的观点是公司要实际地分享所有的信息，这样的公开可以促进个人的成长和公司的成功。

经验表明，提供关于公司将来目标的信息，并且甚至是关于完成这些目标所采用的战略和策略的信息，是具有高度的激励作用的。这种方法让员工知道公司要向哪个方向发展，和怎样达到那个目标。这允许员工"投入"进去，支持并且献身于去满足公司和公司业务的目标。提供分享公司全方位信息的所有人，对于他们的公司有什么样的问题表达了一个清晰的感觉，这么做也表现了他们是有思想的，有远见的，并且是对公司将来的成功有心理准备的。所有人选择这种策略可以展示全面的财政目标和指标（如果不是限定金额），传达公司（并且有时候是个人的）在实现目标过程中的进展。尽责的所有人传达给员工短期的任务，也传达长期的事业轨道。在项目层次，所有人传达项目目标，客户需要，大概的方法，时间进度表，转折事件，预算，产出和关键任务与职责。

即使是广泛地分享公司的信息，也可以理解，大多数所有人是很勉强地分享某些超出所有权团队类型的信息，特别是关于公司范围的财政操作与状态、个人的赔偿以及关于所有人的详细数据。

明智的指定和委派

委派对一个公司的成功非常重要。所有人应该基于他们的技术水平委派下级员工去完成项目，并且尽快地让他们承担尽可能多的项目职责。指派合适的任务给那些在更低层次并且更低薪水的员工，确保他们在职业成长中可以获得必要的经验和知识；此外，这种实践确保公司的每一个人，特别是代理人，可以进行专业化的也是人性化的最有效的操作——那就是，最好地使用他们。这是一个广泛被接受的事实，越往低的层次指派任务，若能成功地完成，公司的管理将会越好。

专家们通常认为他们不能把任务委派给低级别的员工，他们看起来并没有他们所拥有的那么丰富的经验。诚然，这是事实。每年低级别的员工都会增加一年的工作年数和工作经验，高级的员工也是这样，所以低级别的员工不可能追上他们。然而，重点是，低级别的员工逐渐提高他们的经验和能力，逐渐能去承担更多的职责。认可员工提高了的能力并用其为公司服务，对所有人是有益的。

有一点需要注意，委派和"指派"是不一样的。指派，并不起作用。它的特征是，由高级员工分派一个任务给一个低层员工，并且随后对他所完成的项目完全不闻不问。高级员工的"指派"并不会提供信息、指导和关照以及必要的咨询等帮助，而这些帮助能使员工提高个人技能去完成任务，或者让他们得到专业上的成长。相反的，委派则是一个高级员工清楚地分派一系列完整的职责和特定的任务；制定他们成功完成任务的期望；提供或者指引受托人怎样才能得到所需要的信息和支持去完成任务；回答他们的问题并提供所需要的建议和咨询。

提供反馈并建立职责

惟一让初级专家（事实上是任何人）知道他们是否正确执行任务的方法，就是让他们的上级告诉他（在小到中型公司的所有人）——对于初级专家执行分配给他们的职责和特定的任务提供真诚的反馈。应该经常提供这种反馈，并且应该是具体的和有建议性的。这种反馈可以在正式的会议，或者写在备忘录里以其他的方法给出。反馈的重点应该是候选人完成上级制定的目标的进展。

可以确定，专家们对于职责的典型理解，就是他们已经被分派的这个责任（尽管他们可能并不是很清楚是谁分派给他们的）。例如，当问到"当你成功地完成了分派给你的任务会怎么样？"最多的回答就是"不会怎么样"。如果问到"当你没有完成分派给你的任务会怎么样？"最多的回答还是"不会怎么样"。这种反应就清晰地指出了一个没有责任的任务体系。最重要的，责任意味着结果；没有结果，就没有责任。和普通的观念相反，结果并不一定是指金钱。在积极的一面，它们可以包括个人的称赞、公众的认可、更大的职责、地位的提高、额外的利益，还有其他的选择。至少，没有满意执行的结果应该具体包括：关于该任务的执行情况和将来怎样去提高它的直接反馈。

按照惯例交流兴趣和意图

应该让所有权预期的候选人意识到所有人对他们的兴趣。这对于候选人是特别重要的，他们能最容易被确定为"明日之星"。明日之星对他们所做的事情是充满热情的，并且投入精力；通常他们有高度的自尊，并且经常已经开始表现出领导人所特有的明显的超凡魅力的品质。

正如在本书前面讲到的，企业家所有人通常让支持他们的人留在他们身边：即那些帮助完成所有人目标的重要员工。这个支撑团队的成员通常首先就被确定获得公司更高的地位；通常他们被称作"伙伴"。随着公司的成长，公司以后雇佣的初级专家会把在那个受尊重的团队的成员视作他们自己升迁到最高层的一个阻碍。如果"明日之星"从那些初级专家——那些由其知识、能力、兴趣和职责预示他们将来具有发展潜力的一些人——中出现，他将不会满足于沿着缓慢的轨迹到达顶端。如果某人具有管理者水平的工作能力，他很有可能离开公司而不是留在公司等待机会，特别是如果他看到其他的员工正在妨碍他个人发展的话。

明日之星应该被看作是公司将来可能的所有人。所有人应该表达对明日之星们在公司所有权的候选资格的兴趣和意图。在所有人可以考虑表达这样的意图之前，可能要花很长时间去做这些事情。此外，一旦候选人成为了晋升的对象，所有人应该开始将他们安排在合适的职位，在晋升他们之前预示他们的意图。

不断地指导

指导不同于直接的监督和辅导。Mentor（指导）这个术语来自古典的神话。Mentor 是奥德修斯（Odysseus）*的朋友和指导老师，而且为奥德修斯的儿子忒勒马科斯（Telemachus）**做了 10 年的监护人和老师。Mentor 当时所做的工作，在现在被称作准

---

* 〔希腊〕奥德修斯，荷马史诗《奥德塞》中的主人公。曾指挥特洛伊战争，献木马计，使希腊获胜。——译者注

** Odysseus 和 Penelope 之子。——译者注

教练、师傅、行为榜样，与现在指导的工作有着相似的意义。成功的指导者知道他对于"学生"的重要性，也没有低估他们的职责。成为一个指导者意味着并不仅是"我的大门永远敞开"。初级专家通常发现要克服对他们而言是一种无形的、所有人和员工之间的心理障碍是很困难的。

一个指导者需要以主动的姿态在自己和受指导者之间建立一对一的关系。一个指导者作为在广泛范围解决问题的顾问/指导老师，要使日常的项目问题进展顺利，要为受指导者的个人问题提供指引。尤其是，成功的指导需要保持经常的联系，建立同事之间的友情，保持欢迎提出问题的态度并表达应有的关心，提供培训和教育的机会，并且为个人的和专家的发展提供指导。

大多数领导人指出，脑子里有一个行为榜样是他们自己成功的关键因素；简而言之，指导者就是大家行为的榜样。

术语表

下面列出了在这本书中所用到的术语和它们的定义。尽管所有的术语都和常规的定义相一致,但是还是有几个术语有多重的含义。这里并没有全部使用它们。

权责发生制(Accrual accounting):一种记账方法,认可当执行服务时所挣得的收入,也认可当发生花费时所付出的开支,而不是当收到现金或者支付现金这个具体的动作发生时。

权责发生基础(Accrual basis):参见权责发生制。

收购(Acquisition):一个公司由另一个公司购买。

调整后的净收入(Adjusted net income):因为考虑到要分配的利润和作为红利的开支,分红制,等等,对所报告的净收入做了相应的调整。

资产(Asset):由公司所拥有的资源,其中可以包括货币价值。

定单额(Backlog):已经签订了合同,但是还没有收到钱的服务的价值。

账面价值(Book value):所有人的主权账户,表现了公司的资本净值;公司的资产减去它的债务。

资本(Capital):从广义上讲,是资产负债表所记载的公司的全部资产价值;从狭义上讲,是所有人的主权账户的资本净值或者净值;更具代表性并且非正式的,是指运转公司所需要的资金。

现金会计（Cash accounting）：一种记账方法，当收到支付的现金时，认可收入，并且当现金支付的时候认可开支。

现金制（Cash basis）：参见现金会计。

有限公司（Corporation）：为了经营生意在特定的国家的法律之下组织起来的法律实体。

递延收入所得税（Deferred income tax）：如果在账目的权责发生基础上记录了可纳税收入，公司将支付联邦所得税，递延收入所得税就是记载在一个有限公司的账册上用来记录联邦所得税的债务，减去在现金制基础上实际支付的数目。因为大多数我们在这里讨论的这种类型的公司是进行中的公司，并且因为可以在清算中产生任何这样的正余额会很可能作为补偿被分配，联邦收入税的债务比实际债务更具理论性。

雇员股票拥有计划（Employee Stock Ownership Plan, ESOP）：一个税收资格计划，在这个计划中公司的雇员与他们得到的补偿成比例，通过 ESOP 按照这个比例拥有公司，成为有权分享利益的所有人。

资产净值（Equity）：公司超过它的债务的资产的价值；如果所有的资产被清算并且所有的债务也被偿还，正如公司的资产负债表上所反映的，所有人不得不对公司的进行估价的总值。也可参见 Net worth 资本净值。

创始人（们）［Founder(s)］：创建了公司的人或人们，在本书中"创始人"有时候被用来代替"卖方所有人"或者"现任所有人"。

收入总额（Gross revenues）：作为提供服务的结果由公司挣到的全部价值。或者从公司方面并不是主要的初始目的，例如租金或者版税，包括有公司顾问提供的价值和欠他们的价值。

收益（Income）：在收入减去开支之后剩余的利润。也可参见 Operating income 营业收益 和 Net income 净收益。

负债（Liabilities）：公司欠其他人的债务或者义务。

有限责任公司（Limited liability company）：按照条例创立的企业单位，当为特有的职业行为维持个人职责时，使专家们能够享受合伙企业的税收优势和有限公司的有限责任。

清算(Liquidation)：一个公司的解散，通常伴随着公司资产的征收和公司债务的支付。

谅解协议(Memorandum of Understanding)：参见 Term Sheet 条款清单。

合并(Merger)：将两个公司联合在一起去创立一个新的公司，通常要合并双方的资产和债务。

净收益(Net income)：有限公司收入税之后的利润。

净收入(Net revenues)：由公司的员工产生的价值，除去由顾问引起的价值，和由非劳力项目为了再生产、旅行等等的开支。

资本净值(Net worth)：所有人在公司的资产净值的价值，基本的资产减去债务。在一个所有人企业，是所有人的固定资产账户；在一个合伙企业，是合伙人的固定资产账户总数；在一个有限公司，是全部的股本，加上已缴纳的资金，加上保留的收入。

报价书(Offering Letter)：参见 Term Sheet 条款清单。

事务备忘录(Offering Memorandum)：向公司预期的买家表现了公司和它的业务的所有重要信息的文件。

营业收益(Operating income)：在直接和间接开支后的剩余收入。

营业利润(Operating profit)：参见 Operating income 营业收益。

所有人(Owner)：在一个公司有金融投资的任何一个人，不管是不是单独经营者、合伙人、有限公司股东，或者有限责任公司的成员。

合伙企业(Partnership)：一种组织形式，在其中两个或者更多的人分享所有权、风险和公司的奖励。

负责人(Principal)：通常，在一个公司，任何个人都有平等的地位，但是有时候扩展为包括具有巨大领导作用的任何一个人。

专业公司(Professional corporation)：在一个特定的州的公司法下组建的法律实体，当为职业行为保持个人职责时，允许专家享受公司的形式所固有的财政利益。

所有权(Proprietorship)：公司组织全部由一个人所有并且其中利润和亏损都是个人所有，像法律、商务和财政债务。

收入(Revenue)：最初，作为公司提供它的服务的结果，从客户那里接受的价值。

股份(Share)：参见 Stock 股票。

股东的资产净值(Shareholders' equity)：参见 Equity 资产净值。

股票(Stock)：证明在一个公司拥有所有权的证书。

股东的资产净值(Stockholders' equity)：参见 Equity 资产净值。

条款清单(Term Sheet)：在进入证明转让之前由买方和卖方同意的具体的条件(条款)文件；有时候称作谅解协议。

营运资金(Working Capital)：当前资本减去当前债务。

参考文献

The Architect's Handbook of Professional Practice. Joseph A. Demkin, The American Institute of Architects, Washington, DC, 2001.

Financial Management for Architects. Robert F. Mattox, The American Institute of Architects, Washington, DC, 1980.

Leadership Is an Art. Max DuPree, Doubleday, New York, 1989.

Managing Architectural and Engineering Practice. Weld Coxe, Van Nostrand Reinhold, New York, 1980.

The Visionary Leader. Dr. Marshall Sashkin, HRD Press, Amherst, MA, 1995.

英汉词汇对照

Acquisition/external sale 收购/外部出售
   advantages/disadvantages 优点/缺点
   definition 定义
   transition scenario 转让方案
   value 价值
Additional owners (consideration) 另外的所有人（考虑）
After-tax transfer 税后转让
Appraisal/appraiser 鉴定/鉴定者
Attributes of leaders 领导人的特质

Backlog 定单额
Balance Sheet 收支平衡表
Bankruptcy and termination of employment 破产和雇佣的终止
Benefit (consideration) 利益（考虑）
Book value 账面价值
Bring in a leader 引入一个领导人
Business understanding (criterion) 商业理解（标准）

Candidates 候选人
   evaluation 估价
   expectation of 期望

selection criteria 挑选标准
Capital 资金
　　expectation 期望
　　need for 需要
Characteristics of leaders 领导人的特征
Client and project management skills (criterion)客户和项目管理技巧(标准)
Communicating expectations 传达期望
Compatibility of values (criterion)价值的适应性(标准)
Compensation (consideration)补偿(考虑)
Compensation exchange 补偿交换
Components (of value)(价值的)组成
Continuity (of firm)(公司的)持续
Contribution to the profession and the community (criterion)贡献给行业和社会(标准)
Contributions (of owners)(所有人的)贡献
Control 控制

Death and disability 死亡和残疾
Decision-making (consideration)决策决定(考虑)
Deferred Compensation 递延补偿
　　agreement 协议
Deferred federal income tax 递延联邦收入所得税
Design professionals 设计专家
Determining value 决定价值
Documentation 文件
　　Deferred Compensation Agreement 递延补偿协议
　　Employment Agreement 雇佣协议
　　Indemnification Agreement 保障协议
　　Offering Memorandum 事务备忘录
　　Partnerships and LLCs 合伙企业和有限责任公司
　　Secured Promissory Note 担保本票
　　Security Agreement 担保协议
　　Spousal Consent 配偶同意
　　Stock Purchase Agreement 股份购买协议
　　Stockholder Agreement 股东协议

Term Sheet 条款清单

Employee Stock Ownership Plan (ESOP) 雇员股票拥有计划 (ESOP)
Employee Stock Ownership Trust 职工入股信托基金
    advantages/disadvantages 优点/缺点
Employment Agreement 雇佣协议
Ethics (criterion) 道德规范（标准）
Evaluation of candidates 评估候选人
Expansion (of firm) (公司) 开支
Expectations of candidates 对候选人的期望
Extenuating circumstances 可降低估价的情况

Factored book value 账面价值因素化
Financial Statements 财政决算
    abbreviated 简化
    Balance Sheet 收支平衡表
    Income Statement 收入结算表
    weighting 加权
Forms of Entity 公司的形式
    categories and descriptions 种类和描述
    General Corporation 普通有限公司
    Limited Liability Company 有限责任公司
    Partnership 合伙企业
    Professional Corporation 专业公司

General Corporation 普通有限公司
Goodwill 信誉
Governance and relationship skills (criterion) 管理和关系技能（标准）
Growth (of firm) (公司的) 成长

Income Statement 收入结算表
Indemnification Agreement 保障协议
Internal Transfer 内部转让
    advantages/disadvantages 优点/缺点
    mechanisms 机制

transition scenario 转让方案
　　value 价值
Investment in the firm (criterion)在公司的投资(标准)
Involuntary separation (consideration)非自愿的退股(考虑)

Leaders/leadership 领导人/领导权
　　attributes 特性
　　characteristics 特征
　　development process 发展过程
　　expectation 期望
　　functions of 职能
　　need for 需要
　　questionnaire 调查表
　　skills (criterion)技能(标准)
Liquidation 清算
Limited Liability Company 有限责任公司
Litigation 诉讼

Management 管理
　　expectations 期望
　　need for 需要
Marketing 交易
Marketing and selling skills (criterion)交易和销售技能(标准)
Marketplace (keeping in touch)市场(保持联系)
Mechanisms/Transfer Mechanisms 机制/转让机制
　　after-tax 税后
　　compensation exchange 补偿交换
　　deferred compensation 递延补偿
　　partnership or LLC 合伙企业或者有限责任公司
　　zero-based 零基准
Memorandum of Understanding 谅解协议
Mentoring (need for)指导(需要)
Merger/Merger of Interests 合并/利益合并
　　transition scenario 转让方案
Method of buying in (consideration)购进方法(考虑)

Method of paying out sellers (consideration) 支付卖方的方法（考虑）
Minority status 少数情况
Multiple of earnings 收入乘数
Multiple of net revenues 净收入乘数
Myers-Briggs Type Indicator/Myers-Briggs 型指示器

Net Income 净收益
Net Revenue 净收入
Net Worth 资产净值
New expertise 新专业技术

Offering Memorandum (definition) 事务备忘录（定义）
Operational procedures 操作程序
Options for transition 转让选择
Owners/Ownership 所有人/所有权
   contributions/responsibilities 贡献/职责
   objective 目标

Participants (consideration) 合伙人（考虑）
Partnership 合伙企业
Personal style and interpersonal skills (criterion) 个人风格和人际关系的技巧（标准）
Professional Corporation 专业公司
Professional maturity (criterion) 职业成熟（标准）
Professional development of others (criterion) 其他人的职业发展（标准）
Professional/Technical competence (criterion) 专业/技术能力（标准）
Profile factor 数据因子
Purpose of valuation 估价目的

Qualifications of owners (consideration) 所有人的资格（考虑）
Qualified Replacement Property 限定重置财产
Quality 品质
   expectation 期望
   need for establishing 建立需要

Rate of transition 转让率
Real estate 房地产
Recruiting (need for) 招募（需要）
Responsibilities of ownership 所有权职责
Restriction on transfers 转让限制
Retirement 退休
Risk attitude and understanding (criterion) 风险态度和理解（标准）
Role model (criterion) 行为榜样（标准）

Secured Promissory Note and Security Aqreement 担保本票和担保协议
Spousal consent 配偶同意
Stock Purchase Agreement 股份购买协议
Stockholder Agreement 股东协议
Strateyic thinking (criterion) 战略思考（标准）
Survey (for valuation) 调查（为了估价）

Team (assembling the) 团队（集合）
Technology 技术
Terms/Term Sheet 条款/条款清单
Transfer Mechanisms 转让机制
    after-tax 税后
    compensation exchange 补偿交换
    deferred compensation 递延补偿
    partnership or LLC 合伙企业或者有限责任公司
    zero-based 零基准
Transition 转让
    alternatives 可选择的
    assembling the team 聚集团队
    considerations 考虑
    designing the program 规划项目
    documentation 文件
    Employee Stock Ownership Plan (ESOP) 雇员股票拥有计划（ESOP）
    evaluating candidates 评估候选人
    getting started 开始
    internal transfer 内部转让

    laying the foundation 奠定基础
    Liquidation 清算
    mechanisms/transfer mechanisms 机制/转让机制
        after-tax 税后
        compensation exchange 补偿交换
        deferred compensation 递延补偿
        partnership or LLC 合伙企业或者有限责任公司
        zero-based 零基础
    merger 合并
    necessity for 必要性
    options 选择
    preparing for the future 为将来做准备
    rate of transition 转让率
    reasons for 原因
    team 团队
    terms/term sheet
Trust (criterion) 信贷(标准)

Value/Valuation 价值/估价
    acquisition (for) 收购(为)
    analyses 分析
    bases 基础
    components 组成
    determining 决定
    extenuating circumstances 可降低估价的情况
    internal transfer (for) 内部转让(为了)
    merger of interests (for) 利益合并(为了)
    methods 方法
    profile factor 数据因子
    purposes 目的
    weighting 加权
Vesting (consideration) 授权(考虑)

Weighting (valuation bases) 加权(估价基础)
    averages 平均值

constants 系数
Withdrawal (consideration) 撤回（考虑）

Zero-based transfer 零基础转让
Zweig-White 茨威格-怀特

图解建筑丛书

建筑结构与构造
[日]建筑图解事典编集委员会　编　刘茂榆　译
出版时间：2007年1月，书号：15152，定价：69.00元

建筑现场营造与施工管理
[日]黑田早苗　著　牛清山　译　毛磊　校
出版时间：2008年6月，书号：16420，定价：24.00元

防水设计与施工
[日]边见仁　著　季小莲　译
出版时间：2008年1月，书号：16257，定价：25.00元

建筑电气设备
[日]田尻陆夫　著　张晔　译
出版时间：2008年6月，书号：16595，定价：26.00元

建筑师执业实践宝典系列丛书

建筑师合同谈判
[美]爱娃·J·阿布拉莫维茨　著　路晓村　译　黄慧　校
出版时间：2008年5月，书号：16281，定价：25.00元

建筑师投标方案成功之路
[美]弗兰克·斯塔肖夫斯基　著　杨贺　高一涵　译　王方智　校
出版时间：2008年11月，书号：16965，定价：25.00元

建筑师成本管理
[美]迈克尔·D·戴尔伊索拉　著　李卓　毛磊　译
出版时间：2009年3月，书号：16859，定价：26.00元

建筑师事务所所有权转让指南
[美]彼得·皮文，威廉·曼德尔　著　黄慧　译
出版时间：2009年5月，书号：17327，定价：18.00元

建筑师表达技巧
[美]戴维·格罗伊塞尔　著　黄舒珊　宋侃达　译　申祖烈　校
出版时间：2009年8月（暂定），书号：18031，定价：待定

土木工程师资料手册
[美]罗伯特·帕姆利　著　杨军　译
出版时间：2004年12月，书号：12697，定价：115.00元

营造可持续地球家园的整体设计（原著第三版）
［美］G·泰勒·米勒　著　李天骄　蒋丕彦　译　董务民　校
出版时间：2007年3月，书号：14220，定价：90.00元

建筑物渗漏事故案例分析与处理
［日］本书编委会　编　陶新中　牛清山　译
出版时间：2003年12月，书号：12075，定价：34.00元

建筑师技术设计指南——采暖·降温·照明（原著第二版）
［美］诺伯特·莱希纳　著　张利　等译　董务民　校
出版时间：2004年8月，书号：12295，定价：108.00元

建筑节能设计手册——气候与建筑
［美］阿尔温德·克里尚　等编　刘加平　等译　杨柳　闫增峰　校
出版时间：2005年7月，书号：12854，定价：80.00元

可持续发展的建筑和城市化——概念·技术·实例
［法］多米尼克·高辛·米勒　著　邹红燕　邢晓春　译
出版时间：2008年3月，书号：16119，定价：96.00元

免疫建筑系统技术
［美］瓦迪斯瓦夫·扬·科瓦尔斯基　著　蔡浩　王晋生　等译
龙惟定　校
出版时间：2006年1月，书号：13832，定价：68.00元

国外照明设计丛书

照明设计（原著第六版）
［英］D·C·普里查德　著　袁樵　译
出版时间：2006年7月，书号：15042，定价：45.00元

建筑照明（原著第二版）
［美］M·戴维·埃甘　维克多·欧尔焦伊　著　袁樵　译
詹庆旋　校
出版时间：2006年1月，书号：13687，定价：76.00元

照明设计入门
［日］中岛龙兴　等著
出版时间：2005年1月，书号：12928，定价：68.00元